당신도 러너다

러너임바의 러닝 참견

당신도 러너다

러너임바(유문진) 지음

에디터
editor

달리기는 삶과 닮았다

정확히 언제부터였을까. 걷는 걸 좋아하게 된 게.

조용한 새벽, 사람이 없는 길을 걸으며 아무 생각 없이 발걸음을 옮길 때면, 마음속에 무겁게 가라앉아 있던 것들이 서서히 정리되는 느낌이 들었다. 하루에도 몇 번씩 무언가에 휘둘리듯 흔들리던 내 마음이, 걷는 동안만큼은 조금은 단단해지는 것 같았다.

누군가와 말없이 나란히 걷는 일도 좋았지만, 아무 말 없이 혼자 걷는 시간이 더 좋았다. 어쩌면 그건, 내 마음속 이야기들과 진짜 대화를 나눌 수 있는 유일한 시간이었기 때문인지도 모른다.

그런데 이상하게도, 걷다 보면 어느 순간 '뛰고 싶다'는 생각이 들었다. 딱히 이유가 있는 건 아니었다. 그냥 발걸음이 자꾸 앞질러 나가려 하고, 몸이 뭔가를 털어내듯 속도를 올리려 할 때가 있었다. 그럴 때면 이유를 따지지 않고 그냥 뛰었다. 숨이 턱끝까지 차오를 때까지, 다리가 저릿해질 때까지, 그냥 아무 말 없이, 아무 목적 없이.

놀라운 건, 그렇게 무작정 뛴 날 밤이면 이상하리만큼 기분이 좋았다. 문제가 사라진 것도 아니고, 고민이 해결된 것도 아니었다. 그런데도 마음 한구석이 정리된 느낌이 들었다. 마치 아주 오랫동안 잊고 있던 '나'를 다시 만난 듯한, 낡은 서랍 속에서 오래된 사진 한 장을 꺼내 보는 듯한 그런 느낌. 그날 이후로 나는 자주 뛰기 시작했다.

처음엔 한 달에 한 번, 그다음엔 일주일에 한 번, 그리고 어느새 하루에 두 번씩 러닝화를 신는 사람이 되어 있었다. 특별한 계기가 있었던 것도 아니고, 누군가의 추천을 받은 것도 아니었다. 그냥 내가 원해서 시작했고, 내 안의 무언가가 그것을 계속하자고 했을 뿐이다.

그런데 참 이상하다. 한 번의 러닝은 인생을 바꾸지 않지만, 계속된 러닝은 인생을 바꾸기 시작한다. 그건 속도 때문도 아니고, 거리 때문도 아니다. 단지 계속 나아간다는 것, 멈추지 않고 한 발짝씩 나아간다는 그 행위 자체가 나라는 사람을 조금씩 바꿔놓는다. 러닝을 하면 몸이 변한다. 하지만 더 먼저 변하는 건 마음이다. 나는 여전히 힘든 일이 많고, 누군가에겐 보이지 않는 고비를 매일 넘고 있다.

하지만 달리고 나면 그 모든 것을 '버틸 힘'이 생긴다. 달리기는 내가 나를 다시 붙잡는 시간이고, 삶을 다시 정리하는 의식이고, 무너질 뻔했던 날을 다시 세우는 리듬이다.

나는 '빠르게 달리는 법'을 설명하려고 이 책을 쓰지 않았다. 또한 훈련 계획을 정리해놓은 기술서도 아니다. 단지 어떤 한 사람이 달리기를 하며 경험한 일들, 그 시간 안에서 나를 마주하고, 나를 바꾸고, 조금씩 앞으로 나아갔던 이야기다. 나는 운동을 잘하지도 않았고, 처음부터 뭔가 특별한 목표가 있었던 것도 아니었다. 오히려 운동을 피해 다녔고, 뛸 이유도 잘 몰랐던 사람이었다. 그러다 어느 날 그냥 뛰어보았고, 뛰다 보니 마음이 좋아졌고, 마음이 좋아지니 자꾸 반복하게 되었고, 그러다 보니 여기까지 오게 되었다.

그 여정의 기록을 이 책에 담아보려 한다. 혹시 지금 이 책을 펼친 당신이 '나도 한번 달려볼까?'라는 생각을 하고 있다면, 혹은 한때 달렸지만 다시 신발 끈을 묶는 게 망설여진다면, 이 책이 그 망설임을 향해 '괜찮아, 다시 해도 돼'라고 다독여주는 하나의 응원이 되었으면 좋겠다. 누구나 달릴 수 있다. 하지만 모든 사람이 달리기를 좋아하진 않는다. 그리고 그건 너무나도 당연한 일이다. 러닝은 우리에게 상을 주지도 않고, 박수를 치지도 않는다. 우리는 누구의 축하 없이, 혼자 신발 끈을 묶고 조용히 문을 나서야 한다.

하지만 그렇게 아무도 보지 않는 시간 속에서 가장 진짜 같은 나를 만나게 된다.

달리기를 한다는 건, 스스로에게 묻는 일이다.

"나는 지금 어디쯤 와 있을까?"

"나는 계속 가고 있는 걸까?"

그리고 그 질문에 아무도 대답해주지 않아도, 그저 달리는 동안 답을 조금씩 알아간다. 어느 날은 너무 힘들어서 멈추기도 하고, 어느 날은 이상하게도 가볍게 나아가기도 한다. 그리고 그렇게 들쭉날쭉한 하루하루가 모이고 모이다 보면, 결국 내가 상상도 하지 못했던 곳에 다다르게 된다.

그게 러닝이다.

그리고 거창하게 그게 삶이다.

이 책이 목표를 가진 사람에게도, 혹은 아무런 목표 없이 걷고 있는 사람에게도 같이 걷는 친구처럼 다가갈 수 있기를.

그리고 아주 작게나마 '나도 한번 해볼까?', '이걸 계속해보고 싶다'는 마음을 당신 안에 만들어줄 수 있기를 바란다. 러닝은 특별한 사람의 것이 아니다. 단지 계속하고 싶은 사람의 것이다.

당신도 러너다.

러너임바(유문진)

차례

제3장 자주 묻는 러닝 질문 TOP 10

제4장 러너임바의 참견 한 스푼

제5장 러너별 별 참견

제6장 마라톤 대회 준비하기 A to Z

제1장

나도 러너다

달리기와 멀었던 시절

나는 딱히 달리기를 잘하는 아이가 아니었다. 운동 신경도 그저 그런 편이었다. 눈에 띄게 빠르지도 않았고, 주목받을 만한 재능도 없었다. 그래도 누가 시키면 했고, 성실히 임했다. 끝까지 버티는 데에는 나름대로 자신이 있었다.

초등학교 운동회에서 100m 달리기로 반에서 1등을 해본 적은 없다. 상장 하나, 공책 한 권 받아본 기억도 없다. 나는 그저, 운동장 한구석을 채우는 조용한 아이였다. 그런데 이상하게도 오래달리기만큼은 늘 빠른 편에 속했다. 왜 그랬는지, 지금도 정확히는 모르겠다. 달리기를 좋아했던 것도 아니고, 특별한 훈련을 한 적도 없었으니까. 어쩌면 힘들어도 끝까지 포기하지 않는 성격, 그리고 은근히 남들보다 지는 걸 싫어했던 마음이 나를 계속 앞으로 밀어붙였던 것 같다.

그 성격은 운동장 바깥에서도 드러났다. 수영장에서도, 시험장에서조차도 '도망치지 않는다'는 마음만큼은 분명히 있었다. 비록 남들보다 뛰어나진 않아도, 멈추지 않겠다는 고집 같은 것. 때로는 유난스러워 보일 정도로. 눈에 띄지는 않지만 지워지지도 않는 존재. 그게 아마 어릴 적 내 모습이었을 것이다.

그런 성향을 가장 잘 보여주는 장면이 있다. 군대 시절, 체력 검정 날이었다. 연병장을 열두 바퀴 돌아야 하는 오래달리기 테스트가 있었는데, 나는 그 열두 바퀴를 정확히 셌다. 숨은 턱끝까지 차올랐고, 다리는 무겁게 젖어 있었다. 그런데 조교가 말했다.

"한 바퀴 덜 돌았어. 한 바퀴 더 돌아."

억울했다. 같이 달리던 동료가 말해주지 않았다면 나는 정말로 더 뛰었을 것이다. 이미 다 돌았다는 확신이 있었지만, 왠지 그 말 한마디에 항의할 수 없었다. 몸은 한계였지만, 속으로는 이상하게 기분이 좋았다. '그래도 나는 끝까지 뛰었구나.'

돌이켜보면 러닝을 대하는 나의 태도는 그때 이미 만들어지고 있었던 것 같다. 빠르진 않지만 포기하지 않는 자세. 그것만은 예전부터 내 안에 자리 잡고 있었던 것이다.

하지만 내 몸이 그 마음을 항상 따라준 것은 아니다. 나는 부주상골 증후군을 가지고 있었다. 의외로 흔한 질환인데, 발 안쪽에 여분의 뼛조각이 있어 오래 걷거나 뛰면 통증이 생긴다.

병원에서는 무리하지 말고 충격이 덜한 운동을 하라고 했다. 처음 진단을 받았을 때는 큰 절망감 같은 건 없었다. 단지 내가 달릴 수 없는 사람이라는 걸 공식적으로 인정받은 기분이었다. 괜찮다고 말하면서도, 마음 한구석에서는 뭔가 놓아버린 듯한 씁쓸함이 남아 있었다.

그래서 달리기는 나와 거리가 있는, 멀기만 한 운동이었다. 물론 운동을 좋아하지도 않았고 그리 즐기지도 않았다. 나는 그 대신 자전거를 탔다. 집 근처에 있는 자전거 가게에 가서 50만 원이라는 비싼 가격을 주고 샀던 기억이 있다. 본격적으로 자전거를 타기 시작하고 나서는 50만 원은 그저 부품 하나의 가격에 불과했다. 그렇게 빠져들어 고정식 자전거 위에서 땀을 흘리며 스스로를 설득했다. "그래, 자전거는 충격이 덜하니까." 서른 무렵의 일이었다. 기록에 도전하기보다는 몸을 관리하는 수준에서의 운동이면 충분하다고 여겼다. 하지만 그 시기, 마음 어딘가에는 항상 미련이 남아 있었다. 운동하는 사람들과 나를 비교하지 않으려고 해도, 마음속엔 늘 선을 긋는 목소리가 따라다녔다.

"나는 그런 사람이 아니야."

그게 열등감이었다고 말하기는 어렵다. 오히려 체념에 가까웠다. 러닝화를 신은 사람들을 볼 때면 부럽기보다는 멀게만 느껴졌다. 나와는 상관없는 세계라며, 애써 선을 그었다. 그건 약간의 자기 보호였다. '못 한다'는 말 대신 '안 한다'는 말을 고르는 식의 방어. 사람은 누구나 그렇게 자기 자신을 지켜내는 방식이 있는 법이다.

그러다 서른여섯, 어느 평범한 퇴근길이었다. 그날은 이상하게도 머릿속이 복잡했다. 출근길에서부터 쌓인 스트레스, 일에서 받은 감정의 찌꺼기들, 내 마음이 정리되지 않은 채 한강 변을 따라 걷고 있었다. 평소처럼 걷고 있는데, 몸이 가만히 있질 않았다. 말없이 걷고 있던 다리가 저절로 땅을 밀어냈고, 나도 모르게 뛰기 시작했다.

아주 갑작스레 시작된 러닝이었다. 준비운동도 없었고, 속도를 계산할 여유도 없었다. 그냥 뛰었다. 약 2분쯤 지났을까, 숨이 턱끝까지 차올랐고 다리는 뻣뻣했다. 그런데도 그날 밤, 이상하리만치 기분이 좋았다. '기분 전환'이라는 말이 몸에서 일어나는 현상이라면 아마 그런 느낌일 것이다. 오랫동안 잊고 있던 내 몸을 다시 만난 듯한, 낡은 서랍에서 오래된 사진을 꺼낸 것 같은 느낌. 몸은 분명 피곤한데, 마음은 가벼웠다.

러닝이 주는 기분이 이토록 특별할 줄은 몰랐다. 단지 숨이 차고 땀이 흐른다는 이유만으로, 하루를 견딘 자신에게 무언의 칭찬이 되는 것 같았다. 아무도 보지 않았지만, 누군가에게 설명하지 않아도 이상하게 그 시간이 좋았다. 그날 밤, 나는 다시 한번 뛰고 싶다는 생각을 했다. 이유는 모르겠지만, 그냥 그랬다. 마치 무언가가 나를 다시 그 길로 불러낸 것처럼.

그게 시작이었다.

'내가 잘할 수 있을까?'

'부상이 다시 도지는 건 아닐까?'

'이걸 계속할 수 있을까?'

어떤 확신이나 다짐도 없이 그저 그날 느꼈던 그 '괜찮은 기분' 하나만 붙잡고 나는 다시 달리기를 시작했다. 한 달에 한 번, 그다음엔 일주일에 한 번, 누가 보라고 하는 것도 아니고, 기록을 남기지도 않았지만 그렇게 조금씩, 아주 조금씩 내 러닝은 시작되었다.

그건 '도전'도 아니었고, '목표'도 아니었다. 단지 그 순간만큼은 내가 나에게 솔직해질 수 있었기 때문에, 그 시간을 놓치고 싶지 않았다. 나는 그렇게 달리기와 다시 만났다.

습관이 되기까지, 아무도 보지 않는 반복

사실 따지고 보면, 나는 달리기를 처음부터 멀리했던 건 아니다. 중고등학교 시절, 그리고 대학에 다니던 시기에도 가끔은 달렸다. 학교 운동장을 몇 바퀴 돌거나, 친구들과 러닝화를 신고 한강을 걷다 뛰기도 했다. 다만 그것이 '습관'으로 이어지진 않았을 뿐이다.

그 시절의 나는 러닝을 하나의 '기록 놀이'처럼 여겼다. 예를 들면 "5km 몇 분에 끊었어?", "오늘 4분대로 달렸다니까" 같은 말에 반응했고, GPS 앱에 찍힌 숫자를 슬쩍 확인하는 데에서 묘한 쾌감을 느꼈다. 그렇게 2주에 한 번 정도, 아무런 맥락도 없이 갑자기 달리곤 했다. 훈련도 아니고 루틴도 아닌, 말 그대로 간헐적 폭주에 가까운 러닝이었다.

그런 러닝은 어찌 보면 운동이라기보다 '자존심 확인'에 가까웠다. "내가 이렇게 오랜만에 뛰어도 이 정도는 뛴다"라는 말 없는 선언. 러닝화 끈을 질끈 묶으면서, 몸은 준비가 안 되었어도 마음은 늘 경쟁하고 있었다. 누군가와의 경쟁이라기보다는 '과거의 나'와, 혹은 '운동을 꾸준히 하는 사람들'에 대한 가상의 비교였다.

지금 돌이켜보면 웃긴 일이다. 그때의 나는 조금만 달려도 '잘 뛴다'고 믿고 있었으니까. 누군가 5km를 30분에 뛴다고 하면, 속으로 '나는 그보다 빠른데' 하며 은근한 우월감을 느꼈다. 그건 교만이라기보다는 인정받고 싶은 본능에 가까웠다. 누군가에게 보여주진 않았지만, 내 안에서는 늘 작은 대결이 벌어지고 있었고, 그 안에서 나는 기록으로 나를 증명하려고 애쓰는 사람이었다.

특히 나는 짧은 거리에 흥미를 느꼈다. 3km, 5km 같은 짧고 강한 질주. 숨찰 틈도 없이 끝나버리는 그 거리에서 내가 가진 스피드감과 터프함을 보여줄 수 있다고 생각했다. 나는 스스로 그런 거리에 적합한 사람이라 믿었고, 실제로도 주위에 비해 나쁘지 않은 결과를 내곤 했다. 그리고 그게 나에겐 자랑이었다. 매일 뛰는 사람은 아니었지만, '한 번 뛸 때마다 꽤 잘 뛴다'는 평가를 받는 것. 그건 나만의 작은 무기였고, 내 존재를 은근히 드러내는 방식이기도 했다.

내가 뛴 날은 꼭 누군가에게 그것을 말하고 싶었다. SNS에 굳이 올리진 않았지만, 마치 올린 것 같은 자부심이 온몸에서 뿜어져 나왔다. '오늘 나 자신을 뛰어넘었다'는 사실이 누구의 칭찬보다 나를 들뜨게 했다. 운동선수도 아닌 사람이, 몇 킬로 뛴 걸 가지고 뿌듯해하는 모습이 우습기도 했지만, 그건 분명 내게 소중한 자기 확인이었다.

운동을 못한다고 생각했던 내가, 러닝이라는 영역에서는 그래도 어느 정도 존재감이 있다는 사실. 그건 생각보다 나에게 많은 영향을 줬다. 계속 뛰진 않아도, 가끔씩 러닝화를 신고 나가서 '나 아직 살아 있어'라는 듯 달리는 날이 있었다. 누가 시킨 것도 아니고, 누가 기다리는 것도 아니었지만, 내 안의 자존심은 늘 그 스피드를 증명하고 싶어 했다. 그리고 그렇게 증명된 날의 나는 썩 괜찮은 사람처럼 느껴졌다.

하지만 문제는, 그런 러닝은 금세 지쳐버린다는 것이다. 루틴이 없는 러닝은 감정에만 기대어 움직인다. '오늘은 기분이 좋아서', '한 번쯤 달려야 할 것 같아서' 같은 핑계로 뛰는 날은 오지만, 그런 날들은 항상 뜨문뜨문이었다. 그렇게 달리다 보면 다시 며칠, 몇 주가 흘렀고, 내 몸은 다시 제자리로 돌아와 있었다. 러닝화는 다시 신발장 구석으로 밀려났고, 잠깐의 도파민을 좇았을 뿐이다.

그럼에도 불구하고, 나는 여전히 '나는 꽤 괜찮게 뛰는 사람'이라는 믿음을 놓지 않았다. 어쩌면 그건 진짜 실력이 아니라, 스스로를 붙잡고 있던 일종의 자부심이었는지도 모른다. 자주 뛰지 않아도, 자주 포기해도, '내 안엔 러너의 피가 흐른다'는 자기 암시. 지금 생각하면 유치해 보일 수도 있지만, 그 믿음 덕분에 나는 다시 러닝화 끈을 조여맬 수 있었다.

그 자부심은 때론 허세였고 때론 도피였지만, 분명한 건 그 자부심이 나를 붙잡았다는 사실이다. '나는 할 수 있다'는 근거 없는 자신감. 하지만 그게 있었기에 나는 다시 러닝화를 신을 수 있었다. 단지 이번엔 조금 다르게, 조금은 더 진지하게. 그때부터 나는 '기분이 아니라 리듬으로 달리는 법'을 배우기 시작했다. 그리고 그 순간부터, 러닝은 '자존심의 무대'에서 '하루의 일부'가 되었다.

쉽지 않았던 마라톤의 시작

내가 마라톤을 뛰게 된 건 정말이지 즉흥적이었다. 물론 그전부터 달리기를 꾸준히 하긴 했다. 혼자 뛰는 시간이 많았고, 나름 루틴도 있었지만, 어느 순간부터 벽이 느껴졌다. 발전이 멈췄다는 느낌, 혼자 훈련을 반복하는 것에 대한 지루함, 그리고 무엇보다도 지금의 나로는 이 이상은 안 되겠다는 답답함이 나를 휘감았다. 그런 시기에 우연히 알게 된 것이 '목동마라톤교실'이었다. 처음엔 그저 동네 사람들과 함께 뛰어보자는 가벼운 마음이었다. 러닝이 혼자만의 것이 아니란 걸, 함께 뛰는 러닝도 있다는 걸 알아가고 싶었던 것 같다.

목동마라톤교실에 처음 갔던 날을 아직도 기억한다. 대부분 40~50대의 직장인, 주부, 아버지 들이었고, 모두 새벽부터 진지한 얼굴로 몸을 풀고 있었다. 아침 5시, 아직 채 어둠이 가시지 않은 시간에 사람들은 당연하다는 듯 20km에 가까운 거리를 달리고 있었고, 각자의 기록을 따지며 훈련을 이어가고 있었다. 솔직히 처음엔 이질감이 컸다. 나는 늘 속도를 중시했고, 트랙 위에서 나 혼자 숨을 몰아쉬며 빠르게 달리는 데 익숙한 사람인데, 여긴 완전히 다른 세계였다. 거리는 길었고, 속도는 느렸다. 내가 알던 러닝과는 달랐다.

'이게 무슨 러닝이지?' 싶었다. 처음엔 분명 말도 안 된다고 생각했다. 왜 이렇게 천천히 오래 뛰는 거지? 왜 다 같이 뛰는 걸까? 무엇보다도, 나는 이곳에 어울리는 사람이 아닌 것 같다는 느낌이 강하게 들었다. 하지만 이상하게도, 자꾸만 다시 나가고 싶었다. 빠르지 않아도 좋으니, 끝까지 버텨보고 싶다는 생각이 들었다. 아마도 나의 그 '버티기 성향'이 다시 고개를 든 것 같았다.

마라톤교실 훈련에서 내 실력을 보여줄 기회가 온 건 5,000m 타임 트라이얼 훈련 때였다. 모두 같은 출발선에서 뛰고, 기록을 재며 달리는 훈련이었다. 이건 내가 잘할 수 있는 영역이었다. 출발 신호가 울리고, 나는 평소보다 더 담담한 마음으로 달리기 시작했다. 첫 바퀴부터 선두를 유지했고, 숨이 차오를수록 오히려 집중력이 높아졌다. 마지막 라스트 스퍼트는 누구보다 빠르게 끊었고, 그날 내 기록은 모두를 놀라게 만들었다. 하지만 나는 담담했다. 물론 자존심은 살짝 부풀었지만, 어딘가 모르게 속으론 이렇게 중얼거리고 있었다.

'그래, 이건 내가 잘하는 거니까.'

그날 이후, 훈련은 더 이상 낯설지 않았다. 나도 이 집단에서 내가 잘할 수 있는 영역이 있다는 걸 깨달았고, 누군가와 함께 뛰는 훈련의 매력도 조금씩 느껴지기 시작했다. 하지만 여전히 힘들었다. 새벽 4시에 알람을 맞추는 일, 해도 뜨지 않은 시각에 몸을 깨우고, 출근 전 20km를 달리고 샤워까지 마쳐야 하는 일상은 녹록지 않았다. 커피를 들이켜도 피곤이 사라지지 않았고, 주말에 늦잠을 자고 싶다는 유혹이 늘 따라다녔다. 그런데도 나는 계속 나갔다. 이유는 단 하나였다. 나도 '해보고 싶었기' 때문이다.

그러던 어느 날, 훈련이 끝난 뒤 누군가가 말했다.

"마라톤 나가볼 생각은 없어?"

그 말이 내 머릿속을 오래 맴돌았다. 마라톤. 42.195km. 내겐 너무나도 먼 거리였고, 너무나도 힘들어 보이는 운동이었다. 트랙에서 5km, 10km를 전력 질주하던 내가 감히 도전할 수 있을까? 그럼에도 불구하고, 자꾸만 마음이 끌렸다. 정확히 말하자면, 그 긴 거리를 '견뎌낸다'는 개념이 매력적이었다. 예전처럼 속도를 끌어올리는 것이 아니라, 끝까지 버텨내는 것. 어쩌면 나는 그 힘든 도전이야말로 진짜 러닝일지도 모른다는 생각을 하게 된 것 같다.

그렇게 나는 내 생애 첫 마라톤에 등록하게 되었다. 솔직히 말하면 계획적이지도, 치밀하지도 않았다. '이 정도 훈련이면 완주는 할 수 있겠지'라는 안일한 계산이 있었고, 거기에 살짝의 자만도 섞여 있었다. 그러나 한 가지는 확실했다. 나는 그때 진심이었다. 러닝에 대해 좀 더 알고 싶었고, 그 세계의 중심까지 들어가보고 싶었다. 그리고 무엇보다도 '서브3'라는 단어가 자꾸 마음을 자극했다. 마라톤 세 시간 미만. 듣기만 해도 멋있었다. 처음엔 그저 언젠가는 나도 해보고 싶다는 정도였지만, 점점 그 목표는 나의 러닝 인생을 통틀어 가장 강력한 동기 중 하나로 자리 잡았다.

그날 이후 나는 달라졌다. 뛰는 이유가 달라졌고, 훈련 방식이 달라졌으며, 나의 태도가 달라졌다. 더 이상은 단순히 잘하고 싶은 게 아니었다. 오래 달리고, 끝까지 가보고 싶었다. 누구보다 빠르진 않아도, 누구보다 멀리 가보고 싶었다. 그렇게 나는 마라톤이라는 긴 여행을 시작하게 되었다. 그리고 그 시작은, 지금 돌아보면 이렇게 정리할 수 있을 것 같다.

'그건 그냥, 하고 싶었던 일이었다. 그래서 뛰었다.'

그러나 시작은 녹록지 않았다

처음부터 모든 게 순조로웠던 건 아니었다. 마라톤이라는 세계에 들어가기로 마음먹은 순간부터 마치 새로운 언어를 배우듯, 내 몸은 전혀 다른 방식의 적응을 요구했다. 단거리에서의 자신감은 사라지고, 20km를 넘어서는 순간부터 몰려오는 낯선 피로감과 통증들은 내가 지금까지 해왔던 '달리기'라는 행위를 전혀 다른 운동처럼 느끼게 만들었다. 무엇보다도 거리라는 개념 자체가 처음에는 무서웠다. '30km? 사람 다리로 그걸 뛸 수 있다고?' 그런 의심은 마라톤을 준비하는 초반 내내 나를 따라다녔다.

거리 적응을 위한 훈련을 시작하면서부터 온갖 잔부상이 따라붙었다. 허벅지 뒤쪽은 자주 땅겼고, 발바닥은 땅을 디딜 때마다 욱신거렸다. 하지만 그중에서도 가장 큰 문제는 나를 오랫동안 괴롭혀온 고질병, 바로 '부주상골 증후군'이었다. 운동을 조금만 무리하면 발 안쪽 복사뼈 근처가 뻐근하게 아팠고, 심한 날은 걷는 것조차 불편했다. 그 통증은 어느 날 갑자기 좋아지는 것도 아니었고, 매일 조금씩 쌓이는 훈련 때문에 언제 다시 악화될지 모르는 시한폭탄 같았다. 속도를 내기 위해 달릴 때마다 다시 돌아오는 그 불안한 감각은, 내가 과연 마라톤을 완주할 수 있을까 하는 의심을 계속 품게 만들었다.

그러던 와중에 예기치 못한 변수가 찾아왔다. 바로 코로나19였다. 예정돼 있던 대회들이 모두 취소되었고, 운동장이든 공원이든 마스크 없이는 한 발짝도 나갈 수 없는 날들이 시작되었다. 모든 것이 멈췄고, 나 역시 자연스레 달리기를 멈췄다. 그 시간 동안 나는 운동보다 술을 가까이했고, 훈련보다 늦잠을 택했다. 그 2년이라는 기간 동안 내가 뛴 거리는 모두 합쳐도 200km가 채 되지 않았을 것이다. 지금 같으면 상상도 못 할 일이었지만, 그땐 그랬다. 나만 그런 것도 아니었고, 모두가 그랬던 시간이었다.

코로나 시기가 조금씩 끝나면서 마스크를 벗고 야외로 나갈 수 있게 되었을 때, 나는 다시 달리기를 시작했다. 특별한 목표는 없었다. 그저 집 주변을 한 바퀴씩, 3km에서 5km 그리고 7km로 거리를 조금씩 늘려가며 한 달 정도 혼자서 조깅을 했다. 놀랍게도 그 한 달간의 조깅이 내 몸을 다시 달리기에 적응

시켜주었고, 마음 한구석에서는 다시 한번 진지하게 마라톤을 준비해보고 싶다는 생각이 꿈틀댔다.

그리고 다시 목동마라톤교실에 돌아갔다. 처음보다 조금은 익숙했고, 여전히 새벽은 힘들었지만 그 시간들이 이제는 고통이 아니라 루틴으로 느껴지기 시작했다. 그리고 내 몸은 예전보다 훨씬 더 가볍고 강해져 있었다. 사람들은 내게 "특훈이라도 받았나?"고 물었지만, 나는 그냥 웃었다. 나는 정말이지 아무것도 하지 않았고, 그저 2년을 푹 쉬었을 뿐이었다. 오히려 그게 내 몸에 쌓여 있던 피로를 씻어낸 시간이었는지도 모른다.

그렇게 6월부터 본격적으로 JTBC 마라톤을 목표로 훈련을 시작했다. 예전과 달라진 점이 있다면, 예전엔 주말 긴 거리 훈련을 앞두고 잠을 설칠 만큼 부담이 컸는데, 이제는 그 훈련조차 자연스레 받아들이게 되었다는 것이다. 마치 하나의 의식처럼 조용히 준비하고, 나가서 달리고, 그리고 돌아오는 생활. 물론 당시에도 내가 소화할 수 있는 훈련량은 월 300~400km가 한계였다. 엄청난 고강도의 훈련은 아니었지만 일정하게, 규칙적으로 몸에 자극을 주는 루틴은 분명히 나를 변화시켰다.

그리고 드디어 마주한 첫 풀코스 마라톤. 2022년 JTBC 마라톤. 나는 당당하게 출발선에 섰다. 목표는 서브3. 정확히는 2시간 39분을 목표로 했다. 지금 생각하면 무모한 도전이었다. 그때의 나는 스스로를 과신했고, 자신감은 넘쳤지만 경험은 턱없이 부족했다. 10km 지점까진 경쾌했다. 20km 지점에서도 힘이 넘쳤다. 그런데 30km를 넘어서자 상황이 달라졌다. 에너지는 빠르게 고갈됐고, 다리는 무거워졌고, 호흡은 거칠어졌다. 그렇게 나는 '걷다시피' 뛰었고, 간신히 결승선을 통과했다.

완주 후의 나는 몹시 혼란스러웠다. 분명 열심히 준비했고, 복귀도 성공적이었고, 자신감도 있었는데 왜 이렇게 무너졌을까. 풀코스는 절대 만만한 상대가 아니라는 걸 뼈저리게 깨달은 순간이었다. 게다가 몸도 온전하지 않았다. 그날의 무리한 도전은 다시 부상을 불러왔고, 특히 부주상골의 통증은 예전보다 더 깊어졌다. 나는 잠시 또 멈춰야 했다.

그럼에도 이상하게 후회는 없었다. 쓰라렸지만, 그날의 경험은 내 달리기 인생에서 또 하나의 중요한 전환점이 되었고, 그 아픔 덕분에 나는 풀코스라는 세계를 다시 바라보는 법을 배웠다. 더 신중하게, 더 체계적으로, 더 깊이 이해하면서 접근해야 할 대상. 그것이 마라톤이었다.

다시 달릴 수 있다는 것의 의미

11월, 나는 처참한 패배를 안고 있었다. 기대가 컸던 첫 마라톤에서 스스로를 과신한 대가는 혹독했다. 몸은 부상으로 가득했고, 마음은 무너진 자존심과 허무함으로 가라앉아 있었다. 무엇보다도 나를 가장 괴롭혔던 건, 마라톤이 '생각보다 쉽다'고 느꼈던 나 자신에 대한 환멸이었다. 그래서 나는 잠시 한국을 떠났다, 말레이시아로. 한 달이라는 시간을 나에게 주었다. 훈련도 기록도 아닌, 단지 숨을 고르고 나 자신을 되찾기 위한 시간이었다.

말레이시아는 더웠다. 한국은 한겨울이었지만, 그곳은 땀 한 방울만으로도 온몸이 끈적해지는 열대의 공기였다. 처음엔 훈련을 멈췄다. 아니다. 멈췄다기보다는 훈련이라 부를 만큼 강도를 주지 못했다. 뛴다는 것 자체가 버거웠고, 속도를 내는 건 애초에 불가능했다. 그래서 나는 매일 '걷듯이 조깅'했다. 목적도 없고 목표도 없는, 그냥 한 걸음 한 걸음 쌓이는 시간이었다.

그런데 이상했다. 이 무의미해 보이는 시간이 쌓이면서, 나는 조금씩 나아지고 있었다. 부상의 통증은 사라졌고, 고통 없이 달릴 수 있는 시간이 점점 길어졌다. 머릿속을 채우고 있던 패배의 기억도 어느 순간 흐릿해졌고, 기록과 싸우던 나 자신에 대한 집착도 조금은 누그러졌다. 오히려 이런 속도 없는 러닝이 나에게 위로를 주었다. 땀을 흘리고, 해가 뜨는 풍경을 바라보고, 낯선 도시의 새벽을 느끼는 것만으로도 나는 충분히 행복했다. 그렇게 나는 '달릴 수 있음' 자체가 얼마나 귀한 경험인지 새삼 깨달았다.

한 달의 시간이 지나고, 나는 2월 초 한국으로 돌아왔다. 완전히 회복되었다고 말할 수는 없었지만, 적어도 달릴 준비가 되어 있다는 감각은 분명했다. 그리고 이전과는 조금 다른 방식으로 다시 훈련을 시작했다. 무리하지 않고, 욕심내지 않고, 꾸준히. 놀랍게도 몸은 빠르게 반응했다. 오히려 그동안 과훈련으로 무거웠던 다리가 더 가볍게 느껴졌고, 정신은 맑았다. 기록에 대한 집착이 사라지면서, 훈련은 그 자체로 즐거워졌다. 반복적인 인터벌도, 지루할 수 있는 조깅도, 모두 내게는 반가운 루틴이었다.

그렇게 훈련을 이어가던 중, 3월 서울마라톤이 눈앞에 다가

왔다. 사실 큰 기대는 없었다. 목표 기록을 세우지도 않았고, 새로운 무언가를 증명하고 싶지도 않았다. 단지 2시간 39분을 넘지 않았으면 좋겠다는 막연한 생각만 있었다. 예전처럼 '서브3를 깨겠다'거나, '최대한 빨리 달려보자'는 강박은 없었다. 나에겐 그냥 완주하고 싶은 마음, 다시 달릴 수 있다는 걸 확인하고 싶은 마음이 컸다.

대회 날 아침은 차분했다. 익숙한 서울의 공기, 스타트 라인에 서 있는 사람들, 들뜨거나 초조한 기색 없이 나는 출발선을 밟았다. 그리고 정말 이상하게도, 그날 레이스는 처음부터 끝까지 '편안했다'. 무리하지 않았고, 쫓기지도 않았다. 단지 호흡이 흐트러지지 않도록, 페이스가 무너지지 않도록 내 감각을 따라 달렸다.

어느 순간 10km, 20km가 지나갔고, 30km 이후 '지옥의 구간'이라 불리는 지점에서도 나는 쓰러지지 않았다. 35km를 지나면서도 여전히 웃으며 달릴 수 있다는 사실이 믿기지 않았다. 그건 단순한 체력의 문제가 아니었다. 나는 '마라톤을 즐길 수 있는 사람'이 되어 있었다. 그리고 2시간 37분에 골인을 했다. 기록만 보면 목표보다 2분 단축에 불과했지만, 나에게는 '전혀 새로운 경험'이었다. 그 순간 깨달았다. 기록을 좇던 예전과 달리, 이젠 달리기 자체가 즐거워졌다는 걸.

그리고 바로 그때부터 나의 러닝은 완전히 다른 국면으로 들어갔다. 더 많이, 더 자주, 더 가볍게 달릴 수 있게 되었고, 나도 모르게 훈련의 질과 양이 함께 올라가기 시작했다. 무엇보다 중요한 변화는 '훈련이 즐거워졌다'는 점이었다. 억지로 스케줄을 따라가는 게 아니라, 몸이 원해서 운동을 하게 되었다. 자연스럽게, 자발적으로, 나는 러닝의 루틴을 이어갔다.

그 결과, 기록은 점점 줄어들었다. 웃기게도 나는 그때까지도 '기록 단축'이라는 말을 입에 올리지 않았다. 다만 그날의 훈련이 즐겁고, 좀 더 달릴 수 있을 것 같아서 또 뛰었고, 다음 날도 다시 몸이 반응해서 달렸다. 그러다 보니 어느 날은 20km, 또 어느 날은 30km를 자연스레 소화할 수 있게 되었다. 몸이 강해졌다는 표현이 어울릴 정도로, 내 컨디션은 예전과는 다른 수준에 있었다.

서울마라톤 이후 나는 처음으로 '러닝의 재미'를 알았고, 러닝이라는 운동이 단순히 체력이나 기록 이상의 것을 줄 수 있다는 걸 경험했다. 그것은 성장이고 회복이고, 또 일상과 삶을 버텨내는 힘이었다. 말레이시아에서의 조용한 조깅, 서울의 마라톤 대회, 그리고 훈련을 통해 다시 확인한 '달릴 수 있다는 것'의 의미. 이 모든 것이 지금의 나를 만들었다.

이제 나는 확신한다. 마라톤은 단지 피니시 라인을 통과하는 운동이 아니다. 그것은 스스로를 넘어서는 과정이고, 다시 일어서는 이야기이며, 끝없이 자신을 되돌아보는 삶의 연습이다. 그리고 나는 그 과정을 통해 비로소 '러너'가 되었다.

기록은 거짓말하지 않는다

기록은 냉정했다. 나의 의지, 감정, 열정 따위는 고려하지 않았다. 오직 시간과 거리로만 판단했다. 하지만 그래서 더 매력적이었다. 꾸준함은 속일 수 있어도 결과는 속일 수 없다는 사실을 알게 됐고, 나는 점점 이 세계에 빠져들었다. 마라톤의 세계, 그 잔인하고 아름다운 세계에.

2024년 JTBC 마라톤에서 2시간 33분을 기록했을 때는 스스로에게 놀랐다. '내가 이걸 해냈다고?' 속으로 몇 번이고 되뇌었다. 사실 그 대회는 어떤 면에서는 일종의 실험이었다. 말레이시아에서 돌아와 가벼워진 몸으로, 강도 높은 훈련을 해오며 나 자신에 대한 믿음이 조금씩 생기기 시작한 시기였다. 그러나 여전히 나는 조심스러웠다. 과신하면 안 된다고 스스로를 억눌렀고, 한편으로는 이제 막 마라톤을 즐기기 시작한 초보자라는 생각도 있었다.

하지만 경기가 시작되고 10km, 15km, 20km를 지나면서 내 몸은 점점 예열되는 느낌이 들었다. 페이스가 무너지지 않고, 오히려 후반으로 갈수록 리듬이 맞아떨어졌다. 35km 지점을 지났을 때 나는 확신했다. '이번에는 된다.' 그렇게 마라톤 풀코스에서 처음으로 2시간 33분이라는 기록을 세웠을 때, 나도 모르게 눈물이 났다. 내가 해냈다는 감정보다는 '내가 진짜 여기까지 왔구나' 하는 벅참이었다.

이후 마라톤에 대한 생각이 달라졌다. 더 이상 '힘든 도전'이 아니라 '가능성을 확장하는 과정'으로 느껴지기 시작했다. 그리고 다음 목표는 자연스럽게 2시간 30분이었다. '마라톤 2시간 30분'이라는 벽은 마스터스 러너들에게는 하나의 경계처럼 여겨진다. 단순히 빠르다는 것이 아니라, 인생에서 마라톤을 중심축으로 살아야 가능한 성취처럼 보인다. 나도 마찬가지였다. 그 벽을 넘기 위해서는 어느 하나라도 대충 해서는 안 된다는 것을 알았다.

나는 다시 훈련에 집중했다. 거리는 유지하되, 강도는 더욱 정교하게 조절했다. 피로도, 회복, 근육 상태, 영양 섭취까지 꼼꼼히 들여다보았다. 매주 6일 훈련, 하루 두 번의 러닝, 마일리지는 여전히 한 달에 800km를 넘겼고, 무엇보다 페이스 조절에 집중했다. 그 훈련들이 축적되어 2024년 서울동아마라톤, 내 생애 두 번째 동아 풀코스에 섰다. 목표는 단 하나, 2시간 30분의 벽을 넘는 것.

그날은 기온도 바람도 좋았다. 레이스 초반부터 리듬이 맞았고, 중간에 살짝 흔들리는 순간도 있었지만 큰 위기는 없었다. 40km를 지났을 때, 머릿속에는 계산기만 돌아갔다. '지금 이 속도라면 간신히 넘을 수 있다.' 그렇게 마지막 2km를 이 악물고 달렸다. 결승선을 통과하고 기록을 확인했을 때, 2시간 30분 51초. 딱 2시간 30분 벽 바로 아래에 발끝을 겨우 얹은 기분이었다. 그래도 좋았다. 충분했다, 그 순간만큼은.

하지만 욕심은 계속 자란다. 인간은 원래 그런 존재다. 2시간 30분의 기록을 내자, 곧바로 다음 숫자가 보였다. '2시간 29분.' 그리고 동시에 이런 생각이 들었다. '내가 정말 그걸 할 수 있을까?' 여전히 훈련 도중에 부상은 나를 찾아왔고, 피로도는 쌓였고, 주변에서는 말렸다.

"이제 그만해도 되잖아."

"뭐 하러 그렇게까지 해."

하지만 나는 알았다. 이 길은 누가 시켜서 오는 길이 아니라는 걸. 나 스스로 가고 싶어서 선택한 여정이라는 걸.

1년 후인 2025년 동아마라톤. 나는 그 어느 때보다도 조용한 마음으로 출발선에 섰다. 내 안에는 이미 할 만큼 했다는 마음과, 하지만 오늘 또 최선을 다해보겠다는 각오가 동시에 존재했다. 훈련은 더 정교해졌고, 몸은 이전보다 더 날카로워져 있었다. 경기는 치열했다. 중간중간 위기도 있었고, 35km 이후에는 고통도 따랐다. 하지만 나는 계속 나아갔다. 그리고 결승선을 통과하면서 전광판에 박힌 숫자를 보았다. 2:28:29. 드디어 나는 2시간 28분대 러너가 되었다.

러너는 어디로 향하는가?

이 장의 시작에서 나는 '나도 러너다'라고 말했다. 그 말은 단지 자기 위안이나 단순한 정체성 선언이 아니다. 똑같은 하루 속에서, 같은 일상을 반복하며 살아가던 내가 어느 날 운동화를 신고 문을 열고 나갔을 때, 나는 비로소 그 말의 의미를 이해했다. 러너란 기록으로 정의되지 않고, 거창한 목표로 분류되지 않는다. 그저 한 발 내딛는 순간, 숨이 올라오는 그 순간, 아직 포기하지 않은 자신과 마주하는 그 순간에 만들어지는 이름이다. 나는 러너다. 그리고 당신도 러너다. 단지 속도가 다를 뿐, 단지 리듬이 다를 뿐, 우리는 모두 같은 길을 걷고 있다. 아니, 달리고 있다. 나는 그렇게 말할 수 있다.

나는 여기까지 왔다. 2시간 28분이라는 기록 앞에서 나는 잠시 멈춰 섰다. 기록은 내게 수백 번의 반복과 수천 킬로미터의 시간 속에서 주어진 결과였다. 그런데 이상하게도 그 기록이 선물처럼 다가온 날, 나는 축하보다 더 크고 묵직한 질문과 마주했다.

"이제 나는 어디로 가야 할까? 무엇을 향해 뛰어야 할까?"

우리는 마라톤을 숫자로 이해한다. 3시간 30분을 넘으면 다음은 서브3를 말하고, 2시간 30분 근처면 2시간 25분을 이야기한다. 숫자는 쉽게 목표가 된다. 선명하니까, 명확하니까, 비교가 가능하니까. 하지만 2시간 28분을 찍고 나서야 나는 깨달았다. 숫자는 나를 정의해주지 않았고, 앞으로도 나를 정의할 수 없다는 사실을. 기록은 등 뒤에서 나를 밀어주는 바람 같은 역할을 할 수는 있지만, 삶을 끌고 가는 방향까지는 제시하지 못한다. 그래서 나는 다시 천천히 호흡을 고르고, 스스로에게 질문을 던졌다.

"달리기에서 내가 진짜 원하는 것은 무엇인가?"

기록을 향해 달리던 동안 나는 많은 것을 얻었다. 몸은 강해졌고, 마음은 단단해졌으며, 일상의 균형도 잡혔다. 그러나 기록을 향해 달릴 때는 보이지 않던 풍경이 있었다. 달리고 싶은 날과 달리고 싶지 않은 날이 있었고, 목적지가 없는 러닝이 오히려 더 나를 자유롭게 만들어주던 순간들이 있었다. 기록이 나의 방향을 대신하던 시절, 나는 종종 나를 잃어가고 있다는 느낌도 받았다. 그래서 나는 그 질문에 다시 솔직해지기로 했다.

이제는 기록이 아니라 '나'라는 사람을 좇아야 한다고.

달리기는 단순한 운동이 아니다. 삶의 방식을 바꾸는 힘이 있고, 내가 나의 규칙으로 살아갈 수 있도록 붙잡아주는 중심축이 되기도 한다. 겨울 공기를 처음 들이마시던 새벽의 침묵, 몸이 무겁던 날 억지로 끌고 나간 러닝, 희미한 불빛 아래 쉴 틈 없이 흔들리던 그림자까지. 이런 것들이 숫자보다 더 오래 남는 기억이고, 나를 앞으로 이끄는 동력이다. 내가 배운 것은 이것이다.

러닝은 기록으로 완성되는 것이 아니라, 나라는 인간으로 완성되는 여정이라는 사실.

그래서 이제 나는 다시 처음처럼 달리고 싶다. 누군가의 기대도, 스스로의 강박도 아닌, 단지 내가 나와 대화하며 달리는 러닝. 빠르게 가는 것보다 오래 가는 것이 중요하고, 남보다 앞서는 것보다 나로 서 있는 것이 더 중요한 러닝. 숫자가 목적지가 아니라, 나라는 존재를 탐구하는 과정이 되는 러닝. 끝이 아닌 새로운 여행을 허락하는 문이라는 것을 나는 이제야 알겠다.

그리고 이 글을 쓰는 지금, 나는 한 가지 마음을 더 분명하게 말할 수 있다.

당신도 할 수 있다. 당신도 이미 러너다.

당신이 어디에 있든,

어떤 속도로 달리든,

어떤 리듬으로 살아가든,

우리는 결국 같은 길 위에서 서로의 등을 바라보며 달리고 있

다. 이 책의 나머지 장들은 그런 당신을 위한 길라잡이가 되고
자 한다. 누가 빠른지 순위를 매기는 길이 아니라, 어떻게 오래
달릴지, 어떻게 나를 잃지 않을지, 어떻게 다시 일어설지에 대
한 이야기들이 당신을 기다리고 있다.

　달리기는 함께 할 때 완성된다. 누군가의 호흡 소리가 뒤에서
들릴 때, 옆에서 들릴 때, 그저 같은 하늘 아래 같은 길을 밟는
것만으로도 우리는 더할 수 없는 용기를 얻는다. 그러니 이 여
정을 함께 하자. 당신의 속도대로, 나의 속도대로, 우리가 낼 수
있는 호흡대로 천천히, 그리고 오래. 기록이 아니라 삶을 향해.
끝을 향해 달리는 것이 아니라, 또 다른 시작을 향해 나아가는
러닝으로. 나도 여기까지 왔다. 당신도 할 수 있다. 함께 달리자.
우리의 속도로. 우리의 다음 이야기를 향해, 또 한 번 운동화 끈
을 조여보자.

제2장

초보 참견

왜 달리기를 시작해야 할까?

달리기는 많은 사람들이 '나도 한번 해볼까?' 고려해보는 운동
이다. 하지만 그만큼 쉽게 포기하기도 한다. 특별한 장비 없이
도 시작할 수 있지만, 그 때문에 오히려 그 가치를 충분히 이해
하지 못하고 넘어가는 경우가 많다. 여기서 나는 단도직입적으
로 말하고 싶다.

달리기는 가장 단순하면서도 가장 강력한 운동이다.

그리고 이 운동은 대부분의 사람이 시작할 수 있고, 일상에
가장 쉽게 녹일 수 있다. 무엇보다 좋은 건, 별다른 장비가 없이
도 충분히 멋질 수 있다는 점이다.

■ 달리기는 진입 장벽이 낮다

러닝화 하나만 있으면 된다. 요즘은 고가의 러닝화나 고성능 스마트워치가 필수처럼 여겨지기도 하지만, 사실 처음 시작할 때는 그냥 발에 잘 맞는 운동화 한 켤레면 충분하다. 다이어트를 결심할 때, 헬스장을 등록하고 PT를 예매하고 식단까지 바꾸는 데는 큰 결심이 필요하다. '이번엔 정말 제대로 해볼 거야'라는 마음을 굳이 담아야만 시작된다. 그런데 러닝은 그 정도의 결심까지는 필요 없다.

'오늘은 그냥 10분만 걸어볼까?'

'내려가는 길 조금만 뛰어볼까?'

그 정도면 충분하다. 러닝은 그 가벼운 결심도 괜찮다고 말해주는 운동이다.

결심은 가벼울수록 자주 꺼낼 수 있다. 처음부터 한 시간을 달리겠다는 결심은 무겁다. 쉽게 달리기 위해서는 가벼운 결심의 무게가 중요하다. 하지만 '딱 5분만'이라는 결심은 쉽게 해볼 수 있다. 러닝은 그 5분이 쌓여서 1년 뒤에 풀코스를 뛰게 만드는 운동이다.

가끔은 주변 사람들이 묻는다. "어떻게 그렇게 꾸준히 하셨어요?"

나는 이렇게 말한다. "처음엔 그냥 가볍게 시작했어요."

게다가 달리기는 '비용 부담' 없이도 정식 훈련처럼 느낄 수 있는 드문 운동이다. 달리는 순간에는 누가 초보고 누가 고수인지 구별하기 어렵다. 옆에 지나가는 사람이 조깅 중인지, 마라톤 페이스 훈련 중인지는 아무도 모른다. 러닝은 출발선도 같고, 도착선도 같고, 장비 차이가 결과를 결정짓지 않는다.

■ 시간 효율이 좋다

현대인의 가장 흔한 고민은 "운동하고 싶은데 시간이 없다"는 것이다. 하루 24시간은 늘 빠듯하고, 업무와 약속, 집안일 사이에서 '운동'이라는 항목은 자꾸만 뒷순위로 밀리게 된다. 헬스장에 가려면 이동 시간까지 최소 30분은 잡아야 하고, 등록부터 탈의실, 샤워 후에 다시 나올 때까지의 모든 절차가 길게 느껴진다. 운동을 위해 투입해야 하는 시간 자체가 벅차게 느껴질 수밖에 없다. 그에 비해 러닝은, 생각보다 시간 효율이 훨씬 좋은 운동이다.

실제로 러닝은 짧은 시간에 다양한 효과를 얻을 수 있는 운동 중 하나다. 하루 20~30분만 달려도 심폐 지구력을 향상시키고, 스트레스를 날려버릴 수 있으며, 체중 감량에도 도움이 된다. 원한다면 30분만으로도 녹초가 될 만큼 강한 강도의 운동도 가능하다.

복잡한 운동 계획 없이, 그저 신발을 신고 집 앞 골목을 한 바퀴 도는 것만으로도 몸과 마음이 정돈되는 느낌을 받을 수 있다. 준비 시간도 최소화된다. 러닝화 한 켤레 신고 나가면 그게 끝이다. 별다른 장비도, 체계적인 준비도 필요 없다. 30분의 가벼운 조깅은 땀 흘리고 돌아와 씻는 시간까지 합쳐도 한 시간 안에 모든 게 정리된다.

그런 의미에서 러닝은 운동계의 '가성비 끝판왕'이다.

러닝을 일상 루틴으로 만들면, 하루의 흐름이 바뀐다. 아침에 눈을 뜨는 시간부터 달라지고, 몸을 움직이면서 얻는 활력 덕분에 하루의 피로도는 훨씬 줄어든다. 믿을 수 없겠지만 실제로 많은 직장인 러너들이 "출근 전에 30분만 뛰면 하루가 훨씬 가볍게 시작된다"고 말한다. 야근하고 돌아온 늦은 밤, 머릿속이 복잡할 때도 러닝화를 신는다는 것 자체가 하나의 리듬이 된다. 피로가 누적되는 일상 속에서도 짧은 달리기 하나로 하루를 버텨낼 힘을 얻는 셈이다.

그리고 중요한 사실 하나. 짧게 뛰는 건 부끄러운 일이 아니다. 생각보다 많은 사람들이 '20분도 못 뛸 거면 차라리 안 뛰는 게 낫지 않나?'라고 생각한다. 괜히 체면이 서지 않을 것 같고, 운동했다고 말하기에도 민망할 것 같기 때문이다. 하지만 결론부터 말하면 그렇지 않다. 10분이라도 뛴 날과 아무것도 안 한 날은 정말 하늘과 땅 차이다. 그 10분은 단지 신체적 변화 때문만이 아니라, 스스로와의 약속을 지켰다는 감정적 만족감, 자기효능감 때문이기도 하다. 나 자신에게 '오늘도 움직였다'는 증거가 생기는 것이 반복될수록 자기 삶에 대한 태도도 달라진다.

달리기가 익숙해지면, 그 짧은 시간조차 아깝지 않다. 바쁜 하루 중 30분이라는 시간은 사실 핸드폰 하나만 들여다봐도 금세 지나간다. 누워서 유튜브 영상 두 개만 봐도 훅 지나가는 그 시간 동안, 당신은 몸을 움직이고 마음을 환기시킬 수 있다. "바빠서 운동 못 한다"는 말, 러닝 앞에선 설득력이 부족하다.

오히려 당신의 하루가 너무 바쁘다면, 러닝은 그 바쁜 일상 속에서 가장 현실적인 선택이 될지도 모른다.

■ 기본 체력을 올리는 데 탁월하다

달리기는 체력을 기르는 데 가장 기본이 되는 운동이다. 유산소 능력, 하체 근지구력, 심폐 기능을 동시에 끌어올릴 수 있고, 과하지 않은 강도로 꾸준히 반복할 수 있다는 점에서 초보자부터 숙련자까지 모두 효과적이다. 무엇보다 러닝은 몸의 기초 체력을 쌓아올리며 바닥을 다지는 데 최적화된 운동이다. 근력 운동이든, 고강도 인터벌 트레이닝이든, 그 어떤 운동을 하더라도 체력이 바탕이 되지 않으면 효과를 내기가 상당히 어렵다.

특히 러닝은 빠르게 눈에 띄는 변화가 생기지 않더라도, 한 달 두 달 이어가다 보면 어느 순간 체력의 그릇이 훨씬 커진 걸 체감하게 된다. 같은 거리와 속도를 유지하면서도 숨이 덜 차고, 다리의 피로도가 줄어든다. 심지어 일상생활에서조차 피곤함이 줄어든다는 느낌을 받는다. 이건 단순한 기분이 아니라, 실제로 심폐 지구력과 회복 능력이 상승했다는 신호다.

나도 사이클을 타거나 다른 운동을 할 때도 러닝만큼은 꾸준히 하려고 노력했다. 러닝을 지속적으로 하면 다른 운동을 소화하는 능력 자체가 달라진다. 예전보다 회복에 필요한 시간이 짧아졌고, 훈련 시 집중력이 높아졌으며, 무엇보다 몸에 '기초 체력'이라는 강력한 무기가 생겼다는 느낌이 들었다. 다른 운동을 할 때도 지치지 않고 버텨내는 힘, 바로 그 기반을 러닝이 만들어줬다.

초보자에게는 일주일에 2~3회, 한 번에 20~30분 정도의 가벼운 러닝을 추천한다. '그 정도로 운동이 되나요?'라고 생각할지도 모르고, '그렇게나 많이요?'라고 생각할지도 모른다. 초보자에게 속도나 기록은 중요하지 않다. 처음에는 천천히, 짧게 시작하더라도 반복할 수 있는 감각을 익히는 게 훨씬 중요하다. 한 번에 멀리 가는 것보다, 여러 번 편하게 나가는 것이 결국 더 강한 체력을 만든다.

달리기는 꾸준히만 하면 기초 체력을 강력하게 길러준다. 운동을 잘하고 싶은 사람에게도, 그냥 덜 피곤하게 살고 싶은 사람에게도, 러닝은 가장 믿음직한 출발선이 되어준다.

■ 혼자 할 수 있고, 혼자 해도 된다

러닝의 가장 큰 매력 중 하나는 굳이 약속이 필요하지 않고, 누구를 기다리지 않아도 된다는 점이다. 상대가 필요하지 않다. 누군가에게 나가자고 먼저 연락하지 않아도 되고, 수업 시간이나 예약에 맞춰 스케줄을 조정할 필요도 없다. 러닝은 말 그대로 언제든, 어디서든, 혼자서 할 수 있는 운동이다.

이 말은 곧 '내 시간에, 내 방식대로' 할 수 있다는 뜻이기도 하다. 자신만의 방식으로 하면 된다. 출근 전에 뛰어도 되고, 퇴근 후에도 괜찮다. 늦은 저녁에 가볍게 산책하는 것도 상관없다. 기분이 좋아서 뛰어도 되고, 머릿속이 복잡해서 뛰어도 된다. 천천히 조깅으로 시작해도 되고, 기록을 위해 짧고 강하게 인터벌을 해도 좋다. 누구의 페이스에 맞출 필요도 없고, 눈치 보며 속도를 조절할 필요도 없다. 달리기를 시작하고 나면 알게 된다. '나를 방해하는 건 나밖에 없구나'라는 사실을.

특히 코로나 시기에는 이 '혼자 할 수 있다'는 특성이 더욱 빛을 발했다. 모든 것이 멈춰 있던 시간에도 러닝은 멈추지 않았다. 실내 운동 시설이 폐쇄되고, 사람들이 집에만 있을 때, 러닝은 유일하게 허용된 움직임이었다. 마스크를 쓰고 동네 한 바퀴 도는 것만으로도 세상과 단절되지 않았다는 안도감을 느꼈고, 그 짧은 시간 동안 나 자신을 돌보고 있다는 느낌이 들었다. 그때 달리기를 시작한 사람들이 많았다. 코로나 기간에 즐겼던 운동이 코로나가 끝난 이후에도 이어가며, 혼자 뛰는 시간이 나를 회복시키는 시간으로 전환되었다.

혼자 뛴다는 건 외롭다는 뜻이 아니다. 오히려 세상에서 가장 확실하게 나에게 집중할 수 있는 시간이다. 사람을 만나기 부담스러울 때, 나도 설명 못 할 이유로 마음이 울적할 때, 굳이 말로 털어놓지 않아도 된다. 그냥 러닝화를 신고, 조용히 달리고 돌아오면 된다. 그 짧은 30분이 어떤 날은 하루를 통째로 바꿔놓기도 한다. 다른 운동이 땀을 흘릴 때 기분이 좋아지는 운동이라면, 러닝은 뛰기 전부터 기분이 좋아질 수 있는 운동이다. '그래, 오늘은 나 혼자 이만큼 해냈다.' 그 마음이 내일도 계속 움직이게 한다.

달리기는 내 삶에서 혼자 할 수 있는 가장 강력한 무기이자 삶을 반추해볼 수 있게 만들어준다. 그리고 혼자 한다는 건 그만큼 더 단단하다는 것. 그리고 강하다는 것을 의미한다.

■ 변화가 느껴지는 운동이다

달리기가 좋은 진짜 이유는 이거다. 조금만 해도 '내가 변하고 있다'는 걸 몸이 먼저 알려준다. 처음에는 10분도 버거웠던 게 어느새 20분, 30분으로 늘어난다. 첫날엔 숨이 차고 다리가 뻣뻣하던 게, 2주만 지나도 이상하리만치 몸이 가볍게 느껴진다. 그런 변화가 아주 서서히 오는 것도 아니고, 눈치 못 챌 만큼 미세한 것도 아니다. 확실히, 뭔가 달라지고 있다는 걸 몸이 먼저 느끼게 해준다.

기록을 체크하지 않아도, 숫자를 보지 않아도 된다.

"어? 나 오늘은 어제보다 덜 힘든데?"

"어? 여기까지 걷지 않고 왔네?"

그 정도만으로도 충분하다. 처음 3km를 쉬지 않고 달린 날의 성취감은, 그 사람이 얼마나 빠르든 느리든 상관없다. 러닝은 각자의 목표 안에서 큰 보람을 주는 운동이다. 러닝이 항상 즐겁지만은 않다는 것도 안다. 힘들고 지치는 날도 있고, 뛸까 말까 머뭇거리다 그냥 넘어가는 날도 있다. 하지만 훈련을 마친 날, 샤워기 아래에서 땀을 씻어내며 느끼는 묘한 뿌듯함이 있다. '오늘도 멋지게 해냈다!'는 기분과 함께 누구한테 자랑하지 않아도, 기록을 인증하지 않아도 되는 만족감. 그 감각을 한 번이라도 맛보면, 러닝은 더 이상 '힘든 운동'이 아니라 '계속하고 싶은 습관'으로 바뀐다. 몸이 변하고, 마음이 변하고, 삶의 리듬까지 변한다.

요즘은 TV에서도 러닝하는 사람들이 늘고 있다. 예능 프로그램에서 연예인들이 러닝을 시작하고, 혼자 뛰던 모습이 감동으로 남고, '대회에 대한 대화'가 주제가 되는 걸 보면 괜히 반갑다. 그들도 처음에는 똑같이 힘들었고, 똑같이 숨을 몰아쉬며 시작했을 것이다. 그래서 더 공감이 된다. 달리기는 특별한 사람이 아니라도 시작할 수 있고, 시작한 사람이라면 누구나 변화를 느낄 수 있는 운동이니까.

그리고 언젠가, 나처럼 이런 말을 하게 될지도 모른다.

"내가 달리기를 좋아하게 될 줄은 진짜 몰랐는데."

★ **러너임바의 한 줄 참견**

"달리기는 가장 쉬운 시작으로, 가장 큰 변화를 만든다."

달리기 전 필요한 준비물

달리기를 시작하려고 마음먹었다면 그다음은 '뭘 사야 하지?'로 의식의 흐름이 이어진다. 운동을 시작하는 데 필요한 장비나 복장을 알아보는 건 아주 자연스러운 순서다. 문제는 그게 끝이 없다는 데 있다. 검색창에 '러닝 준비물'이라고만 쳐도 수십 가지 제품이 뜨고, 리뷰를 읽다 보면 어느새 장바구니가 러닝과 관련된 물품으로 가득 차 있다. 특히 요즘은 러닝이 꽤나 주요한 키워드다.

그런데 여기서 알아둬야 할 게 있다. 지금 러닝을 시작하려는 사람에게 꼭 이렇게 말하고 싶다. 장비는 분명 도움이 되지만, 절대 필요조건은 아니다. 운동은 해야 늘고, 러닝은 뛰어야 느껴진다. 장비가 마음을 움직여주진 않는다.

하지만 기본적인 준비물 정도는 챙겨두는 게 좋다. 시작 단계에서 무엇이 정말 필요한지, 무엇은 나중으로 미뤄도 되는지, 한 번쯤 정리해보고 넘어가자.

■ 러닝화 – 어렵게 생각하지 말자

러닝화는 달리기의 시작점이자 가장 고민이 많은 장비다. 모두 비슷하게 생긴 것 같지만, 쓰임과 구조에 따라 종류가 꽤 다양하다. 당신이 어떤 목적과 수준으로 달리는가에 따라 신발 선택은 완전히 달라진다. 아래는 대표적인 러닝화의 종류와 그 특징이다. 목적에 따라 분류한 것뿐이며, 각각의 구분은 명확하지 않고 때로는 중첩되기도 한다.

쿠션화

말 그대로 '폭신함'이 가장 큰 특징인 러닝화다. 초보자에게 추천되는 가장 일반적인 형태로, 발에 전달되는 충격을 줄여주고 장거리에서도 피로를 덜 느끼게 해준다.

- 장점: 무릎 부담 감소, 편안함, 훈련 초반 안정적.
- 추천 대상: 러닝을 막 시작한 초보자, 조깅 위주로 달리는 사람.
- 주의: 너무 부드러운 쿠션은 오히려 반발력 손실로 이어질 수 있음.

안정화

달릴 때 발이 안쪽이나 바깥쪽으로 쏠리는 '과내전' 또는 '과외전'을 잡아주는 역할을 한다. 보통 중족부(발 중앙)나 뒤꿈치에 구조적인 지지대가 들어가 있어 착지 안정성을 높여주는 역할을 한다.

- 장점: 부상 방지, 발목·무릎 정렬 안정.
- 추천 대상: 평발·편평족, 발목의 안정성이 부족한 사람, 오래 달리면 자세가 무너지는 사람.
- 주의: 너무 단단한 지지 구조는 불편하게 느껴질 수 있음.

조깅화

매일 훈련용으로 신는 기본 러닝화다. 쿠션과 반발력, 무게, 지지력이 적당히 섞여 있어 다용도로 활용할 수 있다. 디자인과 컬러도 다양해서 초보자가 선택하기 좋은 기본형이다. 쿠션화와 안정화도 조깅화라고 볼 수 있다.

- 장점: 일상 훈련에 최적화, 가격대도 비교적 합리적.
- 추천 대상: 초보자, 주 2~4회 조깅 루틴 있는 사람, 장거리보다는 가벼운 러닝.
- 주의: 기록을 노리는 훈련에는 다소 밋밋할 수 있음.

레이싱화(Racing Shoes / 카본화 포함)

무게를 줄이고 반발력을 극대화한 러닝화로, 마라톤 대회나 템포런, 인터벌 같은 속도 훈련에 적합하다. 요즘은 카본 플레이트가 내장된 신발들이 대부분 레이싱화 범주에 들어간다.

- 장점: 빠른 속도, 페이스 유지에 유리, 기록 향상 기대.
- 추천 대상: 페이스가 자리 잡힌 러너, 10km, 하프, 풀코스 기록 단축을 원하는 사람.
- 주의: 지지력이 낮아 부상 위험 있음. 초보자에겐 비추천.

트레일화(Trail Running Shoes)

산길이나 비포장도로를 달릴 때 쓰는 러닝화로, 바닥이 두껍고 접지력이 강하다. 방수, 발목 지지력 등 아웃도어용 기능이 포함된 경우도 많다.

- 장점: 미끄러운 지형에서 안정감, 보호력.
- 추천 대상: 오프로드 러닝, 산길 트레일러닝 즐기는 사람.
- 주의: 일반 도로나 트랙에서는 무겁고 불편함.

많은 초보자들이 '레이싱화'를 고집하다 실패한다. 마라톤 선수들이 신는 카본화, 30만 원이 넘는 카본 플레이트 슈즈 등은 반발력이 대단하다는 최신 모델이다. 이런 건 기록 욕심이 생기고, 페이스가 안정된 이후에 신어도 늦지 않다.

처음에는 그저 발에 맞고, 내 걸음에 맞는 신발이면 충분하다. 러닝 초반엔 속도보다 안정감이 중요하다. 평소보다 반 치수 정도 넉넉하게 신어야 발톱을 보호할 수 있고, 갑피는 부드럽고 발등에 압박이 심하지 않은 제품이면 충분하다.

러닝화는 가볍고 폭신하다고 무조건 좋은 게 아니고, 비싸다고 다 잘 맞는 것도 아니다. 처음 러닝화를 고를 땐 '잘 맞고 아프지 않은가'만 체크해도 80점이다.

■ 복장 – 기능보다 편안함이 먼저다

러닝복이라고 해서 처음부터 비싼 기능성 제품을 장만할 필요는 없다. 대부분의 러너는 기능성 티셔츠와 반바지, 타이츠, 계절에 따라 바람막이나 보온용 상의 정도면 충분하다.

상의는 흡습, 속건 기능이 있는 얇은 기능성 티셔츠 한두 장이면 충분하다. 여름에는 땀이 빠르게 마르는 짧은 반팔이나 민소매가 좋고, 겨울에는 얇은 긴팔 기능성 티셔츠 위에 바람막이나 가벼운 보온 상의를 겹쳐 입는 식으로 조절하면 된다. 몸에 너무 딱 붙지 않으면서도 땀을 흡수하고, 통풍이 잘되는 소재라면 브랜드나 가격에 크게 연연할 필요는 없다.

하의는 반바지(쇼츠)와 타이츠 중 자신의 취향과 편안함에 따라 선택하면 된다. 반바지는 통기성이 좋아 여름철에 적합하고, 다리의 움직임이 자연스러워 처음 시작할 때 부담 없이 입기 좋다. 타이츠는 다리 근육을 어느 정도 잡아주는 효과가 있어 선호하는 러너들도 많지만, 처음 입었을 땐 다소 낯설 수 있다. 요즘은 타이츠 위에 짧은 반바지를 덧입는 경우도 많아 본인의 활동성과 노출에 대한 민감도에 따라 조합할 수 있다.

타이츠는 체온 유지와 근육의 흔들림 감소 효과가 있지만, 압박감이 강한 제품은 오히려 움직임을 방해할 수도 있으니 반드시 착용해보고 편안함을 기준으로 고르는 것이 중요하다. 가격이나 브랜드보다는 내 몸에 잘 맞는지, 길을 때나 달릴 때 불편함이 없는지가 가장 큰 기준이다.

한 가지 덧붙이자면, 처음 러닝을 시작하는 분들이 가장 흔히 하는 실수가 '러너처럼 보이기 위해 옷을 사는 것'이다.

하지만 겉모습보다 중요한 건 그 옷이 편하게 뛰게 해주는지 여부다. 너무 타이트하거나 무게감이 있는 옷은 오히려 러닝을 방해할 수 있다. 그리고 무엇보다 중요한 건 옷보다 신발이라는 점도 잊지 말자. 초보자일수록 러닝화에 더 많은 예산을 쓰고, 옷은 가볍고 편한 걸로 시작하는 편이 현명하다. 결국 중요한 건, '러너처럼 보이는 옷'이 아니라 '잘 뛸 수 있는 옷'이다. 스타일은 결국 거리를 만들고, 시간이 쌓이면 자연스럽게 따라온다. 계절별 복장에 대한 설명은 뒤에 나온다.

■ 러닝 벨트, 팔밴드, 보급 장비 - 필요하면 쓰면 된다

- 러닝 벨트는 작은 물건을 챙기기에 유용하다. 핸드폰, 카드, 에너지 젤, 휴대용 물병 등을 들고 뛸 때 요긴하다.

- 팔 밴드는 핸드폰을 고정하거나 음악을 들을 때 사용할 수 있다. 하지만 이것도 어디까지나 훈련 거리나 시간이 길어질 때 필요한 장비다. 처음 5km, 30분 뛰는 수준에서는 꼭

필요한 도구는 아니다. 중간 보급은 10km 이상 장거리에서 필요하고, 그때가 되면 몸이 먼저 '뭔가 더 필요하다'고 신호를 보내준다.

결국 모든 러닝용 장비는 '쓰면 편한 것'이지, '없으면 못 뛸 것'은 아니다. 가볍게 시작하고, 필요한 순간에 하나씩 더해가면 된다.

■ 그 외 자주 묻는 것들 – 꼭 필요한 건 아니지만 있으면 좋은 것들

러닝에 필요한 장비는 생각보다 단순하다. 하지만 러닝을 하다 보면 이런 질문을 자주 듣게 된다.

"모자 써야 하나요?"

"양말은 그냥 면양말 써도 되나요?"

"폼롤러는 꼭 있어야 하나요?"

결론부터 말하면, 대부분은 없어도 당장 달릴 수는 있다. 하지만 자신에게 잘 맞는 도구를 고르면 더 오래, 더 편하게 달릴 수 있다. 다음은 사람들이 자주 묻는 장비들에 대한 설명과 선택 팁이다.

모자

모자는 햇빛이 강한 여름이나, 찬 바람이 부는 겨울에 특히 유용하다. 여름에는 햇볕을 막고, 땀이 이마로 흘러내리는 걸 방지해주며, 겨울에는 얇은 러닝용 비니나 캡이 체온 손실을 줄여준다.

고를 때 팁: 통풍이 잘되는 메시 소재, 뒷면이 조절 가능한 제품, 무게가 가벼운 것이 좋다. 간혹 패션용 캡은 무겁거나 통기성이 떨어져 러닝에 적합하지 않을 수 있으니, 착용감 위주로 고르는 것이 포인트다.

양말

양말은 생각보다 중요한 장비다. 일반 면양말은 땀에 젖어서 물집이 생기기 쉽고, 발과 신발의 마찰을 유발할 수 있다. 대부분의 스포츠 양말은 발에 딱 맞게 밀착되고, 땀을 빠르게 배출하는 기능성 소재로 만들어져 발가락이나 뒤꿈치 물집 예방에 효과적이다.

고를 때 팁: 러닝 전용 양말(앞쪽에 쿠션 덧댐이 있는 경우도 있다) 혹은 스포츠 양말, 발가락 분리형이나 쿠션이 적당히 있는 중간 두께 제품을 추천한다. 너무 두껍거나 헐렁한 양말은 오히려 불편함을 유발한다.

스포츠 선글라스

자외선이 강한 계절이나 마주 보는 햇빛 아래에서 달릴 땐 눈 보호가 중요하다. 시야를 안정시켜주고 집중력을 높여주는 효과도 있다. 특히 여름철 장거리 훈련이나 대회에서는 선글라스

착용이 피로도 감소에 도움을 줄 수 있다.

고를 때 팁: 가볍고 얼굴에 잘 밀착되는 디자인, 미러 렌즈 또는 편광 렌즈, 김서림 방지 기능이 있는 제품이면 금상첨화다. 다만 일반적인 패션 선글라스는 달릴 때 흘러내릴 수 있으므로 피하는 것이 좋다.

보강 도구

폼롤러, 마사지 볼 등 달리기가 익숙해질수록 회복의 중요성도 커진다.

폼롤러는 대퇴사두근, 햄스트링, 종아리 같은 부위의 근막을 이완해주는 데 효과적이고, 마사지 볼은 발바닥이나 엉덩이 근육처럼 작은 부위를 풀어주는 데 좋다.

고를 때 팁: 처음엔 너무 딱딱하거나 돌기 많은 제품은 피하고, 부드럽고 넓은 면적을 가진 제품으로 시작하자. 강한 자극보다 꾸준한 사용이 더 중요하다. 참고로 러닝 초기에는 스트레칭만으로도 충분하며, 보강 도구는 점차 달리기 강도가 올라갈 때 함께 갖추어도 늦지 않다.

결국, 제일 중요한 건 러닝은 복장이나 장비보다 '나가서 뛰는 것'이 먼저다. 좋은 러닝화를 신었다고 해서 자동으로 페이스가 맞춰지지 않고, 비싼 시계를 찬다고 해서 부상이 줄어들진 않는다. 오히려 너무 많은 장비가 초보자에게는 부담이 되고,

때론 시작을 미루는 핑계가 되기도 한다.

나는 처음 달리기를 시작할 때, 그저 헌 운동화에 편한 반바지 하나 입고 나섰다. 지금 생각해보면 몸은 준비가 안 되어 있었지만, 마음은 이미 달리기를 시작하고 있었다.

지금 필요한 준비물은 러닝화, 반팔 티, 반바지, 그리고 '오늘 한번 뛰어볼까' 하는 마음 하나면 충분하다.

★ 러너임바의 한 줄 참견

"장비가 날아다니게 하진 않지만, 다리는 매일 뛸수록 강해진다."

조깅으로 시작하는 법

달리기를 막 시작하려는 사람이라면 대부분 '조깅부터 해볼까?'라는 생각을 한다. 그런데 막상 조깅이라는 단어를 정확하게 정의하려고 하면 입이 막힌다. 걷기보다는 빠르고, 전력 질주보다는 느리다. 이게 전부다. 도대체 조깅은 어디서부터 어디까지를 말하는 걸까?

사전적으로 보면 조깅(jogging)은 '가볍게 오래 달리는 유산소 운동'이라고 정의된다. 빠르게 달리는 것도 아니고, 땀을 흘리며 헉헉거리는 것도 아니다. 숨이 차긴 하지만 말을 하면서 뛸 수 있을 정도의 속도. 다시 말해 '뛰고는 있지만 힘들지는 않은 상태', 바로 그 지점이 조깅이다.

그래서 조깅은 러닝 입문의 가장 좋은 출발선이다. 왜냐하면 조깅은 스스로의 상태를 확인할 수 있는 유일한 달리기이기 때문이다. 속도에 쫓기지도 않고, 거리에 얽매이지도 않고, 페이스를 유지하지 못한다고 누구도 뭐라 하지 않는다. 뛰고 있다면, 그건 조깅이다.

■ 조깅은 '걸음과 숨' 사이의 운동이다

처음 조깅을 시작하는 사람은 '속도'에 자꾸 신경 쓰게 된다. 1km 몇 분인지, 몇 분에 몇 미터를 갔는지. 하지만 조깅의 본질은 숫자가 아니다. 처음 시작할 때 가장 좋은 기준은 '걷다가 자연스럽게 뛰고, 숨이 차면 다시 걷는 것'이다. 이게 어설퍼 보여도 괜찮다. 조깅은 '완벽한 동작'보다는 '계속하려는 마음'이 더 중요하다.

처음엔 이렇게 해보자.

- 1분 걷고 → 1분 조깅
- 그다음 날은 1분 걷고 → 2분 조깅
- 일주일 뒤에는 30분 동안 '걷다 뛰다'를 반복

이게 익숙해지면 '조깅만으로 15~20분 쉬지 않고' 달리는 날이 올 것이다. 그게 비로 달리기의 첫 번째 이정표다.

많은 사람들이 5km를 쉬지 않고 뛴 날을 특별하게 기억한다. 나도 처음 5km를 뛰었을 때 기록은 엉망이었고, 자세도 엉망이었고, 얼굴은 땀범벅이었다. 하지만 그날 하루는, 온 세상이 나를 조금 칭찬해준 것처럼 느껴졌고, 아름답게 보였다.

적당한 조깅의 속도는 '여유 있는 호흡' 정도면 충분하다

조깅을 처음 시작하는 사람들 대부분은 묻는다.

"도대체 어느 정도의 속도로 뛰어야 조깅인가요?"

질문은 비교적 간단하지만, 대답은 의외로 복잡할 수 있다. 6분 페이스? 7분 페이스? 혹은 심박수 기준으로 120bpm? 140bpm? 러닝 워치나 앱에는 수많은 수치가 등장하고, 인터넷을 검색해보면 제각기 다른 기준들이 넘쳐난다. 어떤 사람은 조깅이 6:00/km라고 하고, 어떤 이는 7:30/km도 빠르다고 느낀다. 또 심박수로는 최대 심박의 60~70%를 조깅이라고 말하기도 한다.

하지만 이런 기준들은 오히려 혼란을 준다. 더군다나 러닝 초보자라면 더욱 어렵게만 느껴진다. 아직 뛰는 것도 익숙지 않은데, 심박수는 무엇이고, 속도를 유지하는 게 가능하냐는 것이다. 또 심박계가 없는 사람은 어떡하란 말인가? 페이스를 기준으로 삼으면, 내가 느리다는 생각에 위축되기 쉽다. 사람마다 심폐 능력, 체형, 운동 경력이 제각각인데, 숫자 하나로 적정 속도를 정하는 건 무의미할 때가 많다.

그래서 조깅을 할 때 가장 좋은 기준은 바로 이것이다.

"말하면서 뛸 수 있는가?"

이건 아주 간단하고, 누구에게나 적용되는 지표다. 친구와 나란히 뛰면서 자연스럽게 대화를 이어갈 수 있다면, 그게 바로 조깅이다. '헉헉'대며 문장을 잇기 어려운 상태라면 그건 조깅이 아니라 고강도 훈련이고, 한 문장을 말한 뒤에 숨을 고르지 않아도 된다면, 당신은 직절한 조깅을 하고 있는 것이다.

혼자 달릴 때도 이 기준은 유효하다. 군이 입을 열어 말하지 않아도 괜찮다. 속으로 '하나, 둘, 셋, 넷……'을 세어보거나, 머릿속으로 가사를 흥얼거리거나, '지금 이 정도면 누가 옆에 있어도 말은 하겠네'라는 느낌이 든다면, 당신은 이미 훌륭한 조깅 속도를 찾은 것이다.

중요한 건 느리다고 불안해하지 않아도 된다는 점이다. 누구에게는 7:00/km가 조깅이고, 다른 누군가에겐 4:00/km도 가볍게 느껴진다. 조깅은 비교의 운동이 아니라, 적응의 운동이다. 속도가 아니라 리듬을 찾는 것이 핵심이고, 그 리듬은 언제나 당신의 몸이 편안한지 아닌지를 알려준다.

기록은 당신에게 '더 빨리'를 말하지만, 조깅은 당신에게 '정말 지금 괜찮은가'를 확인하는 과정이다. 그리고 조깅의 진짜 기준은 그 물음에 대답할 수 있는 여유에서 나온다. 말할 수 있다면, 지금 그 속도가 딱 좋다.

■ 거리보다 시간으로 달려보자

러닝을 막 시작한 사람에게 가장 흔한 질문은 이런 거다.

"몇 킬로미터를 뛰면 될까요?"

그런데 이 질문은 처음부터 방향이 조금 잘못됐다. 우리가 달리기를 처음 시작할 때 중요한 건 속도도 아니고 거리도 아니다. 그보다 더 중요한 건 얼마나 오랫동안, 내 페이스를 유지하며 움직일 수 있는가이다.

초보자에게 거리 기준은 때로는 독이 된다. '5km'라고 하면 괜히 달려야 할 구간이 눈앞에 쭉 펼쳐진 것처럼 느껴지고, '아직 2km나 남았어……' 같은 생각이 머리를 짓누르기 시작한다. 페이스 조절도 어렵다. 처음엔 기운 넘치게 질주하지만, 중간에 방전돼버리는 일이 많다. 몸은 아직 준비가 안 됐는데, 숫자는 결과를 강요하니까.

반면, 시간 기준은 훨씬 부드럽다. "딱 20분만 움직여보자"는 말은 마음속에 여유를 준다. 그 20분 안에서 내가 얼마나 빨리 달렸는지는 중요하지 않다. 속도보다 중요한 건 '지속'이고, 그 지속은 러닝 습관의 핵심이다.

이렇게 시작해보자. 첫 2주간은 20분 동안 1분 걷고 2분 뛰기. 그다음엔 30분 동안 3분 걷고 5분 뛰기. 그 리듬에 익숙해지면, 어느 순간 30분 동안 걷지 않고도 조깅을 이어갈 수 있게 된다.

이 과정은 생각보다 많은 걸 가르쳐준다. 내 호흡이 버틸 수 있는 리듬은 어디쯤인지, 내 다리는 얼마나 움직이면 무거워지는지, 오늘은 피곤한지, 어제보다 좋아졌는지, 그 모든 걸 시간이라는 프레임 안에서 천천히 배워가는 것이다.

한 걸음 한 걸음이 '얼마나 멀리'가 아니라 '얼마나 오랫동안'

을 기준으로 쌓으면, 러닝은 숫자에 끌려가는 게 아니라, 내 감각을 깨우는 시간이 된다.

달리기는 라면을 끓이는 일과도 닮았다. 불을 너무 세게 키우면 금방 넘쳐버리고, 너무 약하면 한참을 기다려야 한다. 적당한 온도에서 물이 보글보글 끓기 시작할 때, 라면은 가장 맛있어진다.

조깅도 마찬가지다. 너무 빨리 달리면 금방 지치고, 너무 늦게 움직이면 리듬을 놓친다. '딱 좋다' 싶은 지점을 찾기까지는 몇 번의 실패와 시행착오가 필요하다. 하지만 그런 시행착오 속에서 우리는 점점 '내 몸의 온도'를 알아가게 된다. 여기서 또 하나 중요한 사실. 우리는 누구나 컨디션이 다르고, 러닝에 적응하는 속도도 다르다. 어제는 20분이 길게 느껴졌는데, 오늘은 금방 지나간다. 거리 기준은 이런 미세한 감각을 무시하고, 항상 '어제보다 멀리 가라'고 강요한다.

하지만 시간 기준은 다르다. 오늘의 20분, 내일의 20분은 다르게 흘러가고, 그 안에서 나는 점점 '내 몸의 언어'를 배워간다. 그게 진짜 러닝이다.

■ 조깅의 끝에는 늘 새로운 시작이 있다

어떤 사람은 조깅을 몇 달만 하다 그만두고, 어떤 사람은 조깅이 계기가 되어 마라톤 풀코스까지 가고, 또 어떤 사람은 조깅을 그냥 매일 아침 출근 전에 마시는 커피 한 잔처럼 '하루의 루틴'으로 삼는다. 흥미로운 점은 셋 다 틀리지 않았다는 거다. 달리기에 정답은 없다. 자신만의 달리기가 중요하다. 그런 면에서 조깅은 사람마다 다르고, 딱 필요한 만큼의 운동을 채울 수 있다.

누군가에겐 조깅이 우울한 기분을 달래주는 처방전이었고, 다른 누군가에겐 건강검진에서 한 줄 올라갔던 경고 문구를 지워주는 비장의 카드였을지도 모른다. "달리기요? 그냥 잠깐 바람 쐬는 거죠 뭐"라고 말하는 사람도, 사실은 그 짧은 바람 쐬는 시간이 하루 중 자신에게 가장 집중하는 시간일 수도 있다.

사람들은 흔히 러닝 하면 '기록', '목표', '페이스'를 떠올리지만, 사실 조깅은 그런 경쟁과는 살짝 거리가 있다. 조깅은 누군가에겐 달리기의 입문서이고, 누군가에겐 기록을 위한 해답지이고, 누군가에겐 현실을 피하는 탈출구다. 속도가 빠르든 느리든, 거리가 길든 짧든 상관없이 조깅은 일종의 몸과 마음의 셀프 체크다.

다소 거창한 얘기처럼 들리겠지만 나는 조깅이 운동이라기보다는 일종의 여행이라고 생각한다. 아주 가까운 거리지만, 매번 기분은 조금씩 다르다. 스트레스가 쌓였을 때, 기분이 뒤숭숭할 때, 누군가에게 말로 설명하긴 애매한 날, 그냥 신발 신고 나가서 몇 분 조용히 뛰고 돌아오면, 세상은 안 바뀌었는데 내 기분은 달라져 있다.

어디로 갈지 몰라도, 조깅은 늘 새로운 시작을 만든다. 그 끝에는 대단한 결승선이 없을 수도 있지만 가벼워진 마음, 조금은 정리된 생각, 다시 달리고 싶은 마음이 남아 있다. 그리고 이 정도면 꽤 멋진 운동 아닌가? Honne의 〈Day 1〉을 들으며.

"You'll be my day one, day zero when I was no one.(내가 아무데도 없었을 때 너는 나의 첫날, 0일날이 될 거야.)"

★ 러너임바의 한 줄 참견

"조깅은 모든 달리기의 시작이자, 마음을 다독이는 가장 부드러운 속도다."

달리기 좋은 시간 & 장소
– 러너가 선택해야 할 것들

달리기는 언제 어디서든 할 수 있다. 신발만 있으면 되고, 특별한 장비도 필요 없다. 그래서 많은 사람들이 묻는다.

"언제 뛰는 게 제일 좋아요?"

"어디서 뛰는 게 제일 좋아요?"

그러면 나는 항상 이렇게 대답한다.

"좋은 시간, 좋은 장소란 결국 내가 꾸준히 나올 수 있는 환경입니다."

그럼에도 불구하고, 조금만 신경 쓰면 확실히 '더 좋게' 달릴 수 있는 시간과 장소가 있다는 것 역시 사실이다. 러닝은 단순히 다리를 움직이는 문제가 아니라, 한 번의 훈련이 다음 훈련을 결정짓는 일종의 생활 리듬이기 때문이다.

아침 러닝은 확실히 공기가 맑고 상쾌하다. 일상이 시작되기 전의 고요함이 있어, 그 고요와 함께 하루를 열어가는 기분이 있다. 다만 몸이 덜 풀린 상태이기 때문에 준비운동을 대충 하면 부상을 초대하기 딱 좋다. 바쁘고 정신없는 아침 살림 속에서도 '출근 전 나에게 단 30분 투자하는 시간'이라는 느낌을 좋아하는 사람에게는 아침 러닝이 안성맞춤이지만, 억지로 눈을 뜨면서 시작해야 한다면 어느 날 갑자기 그 루틴은 사라진다. 아침형은 타고나는 것이 아니라, 생활 패턴이 허락할 때 비로소 성립하는 것이다.

저녁 러닝은 또 다르다. 하루의 피로와 감정이 모두 쌓인 시간이라 어떤 날은 신기하게도 더 잘 뛰어진다. 체온이 이미 올라와 있고 근육이 따뜻하게 준비되어 있어 기록 훈련이나 템포런을 넣기에 좋다. 직장 끝나고 쌓인 스트레스 한번 훅 털어낼 수 있다는 것도 장점이다. 다만 식사 시간과 충돌하거나 너무 늦으면 컨디션이 흐트러지는 게 단점이다. 결국 저녁 러닝의 핵심은 '퇴근 후 얼마나 빨리 러닝 모드로 전환할 수 있느냐'에 달려 있다.

주말 낮 러닝은 러너들에게 일종의 보너스 같은 시간이다. 멀리 갈 수도 있고, 트레일러'닝을 나설 수도 있고, 보급을 챙겨 그동안 하지 못한 장거리 훈련을 할 수도 있다. 다만 여름에는 자외선과 더위를 이겨낼 장비를 갖춰야 하고, 겨울에는 옷을 어떻게 조절하느냐에 따라 체력 소비량이 크게 달라지기 때문에, 주말 낮 러닝은 컨디션보다는 준비성이 더 중요하다. 그래서 나는 종종 말한다.

"주말의 낮 러닝은 훈련이라기보다는 하나의 여행처럼 준비해라."

시간대에 대한 결론은 단순하다. '언제가 좋은 시간인가?'보다 중요한 건 '언제가 나에게 계속 가능한 시간인가?'이다. 러닝은 일주일, 한 달, 1년을 두고 봐야 하는 운동이다. 하루의 최적화보다 루틴의 확보가 먼저다. 내 생활 속에서 가장 현실적이고 안정적인 시간대를 찾는 것, 그것이 바로 당신에게 가장 좋은 달리기 시간이 된다.

장소도 마찬가지다. 장소에 따라 러닝의 질은 크게 달라진다. 어떤 길은 발을 딛는 순간 편안하고, 어떤 길은 뛰기 시작한 지 200m 만에 '아, 오늘은 여기 아니구나' 싶다. 공원은 잔디와 흙길이 있어 충격이 적고, 풍경도 좋아서 자연스럽게 페이스가 느슨해지는 '치유형 러닝'에 좋다. 대신 산책객과 동선이 겹칠 때는 중간중간 흐름이 끊기고, 정신적으로 산만해질 수 있다. 강변이나 하천 변은 많은 러너들이 사랑하는 장소다. 길게 이어지는 평탄한 노면, 시원하게 불어오는 바람, 멀리까지 이어지는 시선. 마라톤 훈련으로 장거리를 뛰어야 할 때 이보다 더 좋은 장소는 없다. 편의점, 화장실, 벤치까지 골고루 있어 주말 러닝의 정석 같은 공간이 바로 강변이다.

운동장 트랙은 러너들의 실험실과 같다. 거리 계산이 정확해 페이스 트레이닝에 최적화되어 있고, 인터벌이나 레피티션 같은 고강도 훈련은 트랙에서만 제대로 수행된다. 단점은 단 한 가지, 너무 반복적이어서 지루하다는 것. 그리고 생각보다 트랙은 많은 러너들에게 '가까운 곳'이 아니다. 그래서 트랙은 일상 러닝보다는 특정 목적이 있을 때 선택하는 장소다.

반면 도심 인도는 가장 현실적이고 가장 어쩔 수 없는 선택이다. 장점은 단순하다. 집 앞에서 바로 뛰기 시작할 수 있다. 그러나 단점도 확실하다. 보행자, 신호등, 불규칙한 노면, 갑작스러운 턱. 흐름이 끊기고 부상의 위험도 있다. 하지만 초보자에게는 이보다 더 좋은 장소도 없다. 진입 장벽이 없고, 오늘 당장 시작할 수 있는 유일한 곳이기 때문이다. 누구나 러닝을 시작할 때는 결국 집 앞 인도에서 첫발을 내딛는다.

결국 좋은 장소란 무엇보다 '지금의 나에게 가장 자연스럽게 이어질 수 있는 곳'이다. 훈련 목적과 생활 환경에 따라 어느 날은 트랙, 어느 날은 공원, 또 어느 날은 그냥 집 앞 인도가 최고의 선택이 된다. 러닝은 장소가 만든다기보다, 장소에 나간 내가 만들어가는 운동이다. 그리고 그렇게 다양한 장소를 경험하다 보면 언젠가 당신만의 '성지'가 생긴다. 마음이 편해지는 길, 몸이 가장 잘 굴러가는 길, 나와 가장 잘 맞는 길. 그 길을 찾는 것 자체가 러닝의 재미다.

- 아침 러닝
  - 공기 맑고 상쾌함, 하루 시작 템포 만들기 좋음
  - 몸이 덜 풀려 있어 부상 위험 높음 → 준비운동 필수
  - 규칙적인 루틴 만들고 싶은 사람에게 적합

- 저녁 러닝
  - 체온·근육 상태 최적, 기록 훈련에 유리
  - 스트레스 해소 효과 높음
  - 식사·피로와 겹칠 수 있음

- 주말 낮 러닝
  - 시간 여유 있어 장거리·트레일러닝에 최적
  - 날씨 영향(더위·추위) 큼 → 장비·보급 중요

- 공원
  - 흙길·잔디 많아 충격 적음, 조용하고 경치 좋음
  - 산책객과 동선이 겹칠 수 있어 흐름 끊김

- 강변/하천 변
  - 장거리 최적의 장소, 평탄한 노면, 긴 거리, 편의점·화장
    실 등 완벽
  - 바람 강할 때 페이스 흔들릴 수 있음

- 트랙(운동장)
  - 인터벌·템포런 등 페이스 조절 훈련에 최강
  - 반복적이고 지루할 수 있음, 접근성은 낮음

- 도심 인도
  - 현실적으로 가장 접근성 높음, 당장 집 앞에서 시작 가능
  - 신호등, 보행자, 노면 불규칙 등 흐름과 안전 변수 많음

★ 러너임바의 두 줄 참견

"좋은 시간과 좋은 장소는 따로 있는 게 아니다."

"오늘도 나를 밖으로 끌어내는 그 순간, 거기가 바로 최고의 러닝 스팟이다."

계절별 복장

러닝은 장비가 많지 않아도 되는 운동이지만, 그렇다고 아무렇게나 입고 나가도 되는 건 아니다. 특히 날씨는 러너의 몸 상태와 훈련 결과에 직접적인 영향을 준다. 옷을 너무 얇게 입으면 추위에 떨고, 너무 두껍게 입으면 금세 지쳐버리고 만다. 결국 러닝 복장의 핵심은 '움직이기 좋은 적정 온도'를 찾아내는 데 있다.

"달리면 금방 더워지잖아"라는 말은 반은 맞고 반은 틀리다. 달리기 전부터 몸이 덥다면, 뛰는 동안에는 과열된다. 반대로 출발할 때 너무 춥다면 몸이 풀리기 전에 긴장하게 된다. 계절마다, 상황마다 그 균형을 잡는 게 중요하다.

■ 봄 – 바람막이 하나면 충분한 계절

기온이 10~18도 정도인 봄은 러너들에게 가장 쾌적한 계절이다. 긴팔과 반팔 사이, 반바지와 긴 바지 사이에서 매일 고민하게 된다. 이럴 땐 한 가지 기준을 기억하면 좋다.

"뛰기 시작할 때는 살짝 쌀쌀해야 한다."

따뜻한 낮에는 반팔+반바지 조합으로 충분하고, 아침저녁으로 기온이 낮을 땐 얇은 긴팔이나 바람막이를 추가하면 된다. 바람막이는 특히 보온이 아니라, 체온 유지와 바람 차단을 위해 유용하다. 더우면 잠시 허리에 묶고 달리는 것도 방법이다. 팔토시나 얇은 넥워머 같은 용품도 환절기에 효과적이다.

■ 여름 – 가볍게, 시원하게, 짧게

기온이 20도 이상이면 무조건 '최소한의 복장'이 정답이다. 여름 러닝의 핵심은 땀을 빠르게 식히는 것이고, 그걸 위해선 통기성과 속건성이 좋고 몸에 달라붙지 않는 옷이 필수다. 대부분의 러너들은 민소매(싱글렛)+숏팬츠 혹은 타이츠 조합을 선택한다.

- 흰색이나 밝은색 옷이 열을 덜 흡수한다.
- 메시(망사) 구조가 포함된 러닝복은 통풍이 좋다. 면 소재는 피해야 한다.
- 햇빛이 강한 날엔 모자, 팔 토시, 선글라스 및 선크림으로 피부 보호는 필수.

무엇보다 중요한 건 수분이다. 러닝복이 아무리 얇아도, 수분 섭취가 부족하면 오래 달릴 수 없다. 복장은 가볍게, 물은 충분히. 이게 여름 러닝의 기본 공식이다.

■ 가을 - 가장 예민한 계절

기온이 들쭉날쭉한 가을은 러닝 복장을 정하기 가장 애매한 계절이다. 특히 아침저녁으로는 갑자기 바람이 차고, 낮에는 다시 더워진다. 이럴 땐 레이어드가 핵심이다.

- 반팔 위에 얇은 바람막이
- 타이츠에 반바지 겹쳐 입기
- 기온에 따라 팔 토시나 장갑으로 보완

러닝 중 더우면 벗고, 추우면 덧입을 수 있는 게 좋다. "입고 나가서 뛸 땐 벗는다"는 게 가을 러너의 정석이다. 그리고 가을에는 바람이 강한 날이 많기 때문에 방풍 기능이 있는 재질의 의류를 선택하면 훨씬 안정적인 러닝이 가능하다.

■ 겨울 - 몸을 풀다 보면 덥다

기온이 5도 이하로 떨어지면 러너들은 본능적으로 '옷을 더 입어야겠다'고 느낀다. 하지만 중요한 건 "뛰기 전까지는 추워도, 뛰고 나면 더워진다"는 점이다. 너무 두꺼운 옷은 체온 조절을 어렵게 하고 땀이 식으면서 오히려 감기에 걸릴 수도 있다.

기본 구조는 이렇다.

- 기모 긴팔 이너웨어 + 바람막이 또는 얇은 겉옷
- 타이츠 + 반바지 또는 기모 조깅 팬츠
- 모자 또는 넥워머 + 장갑

핵심은 몸통보다 손, 귀, 목처럼 열 손실이 빠른 부위를 잘 보호하는 것. 또한 겨울 러닝 전에는 반드시 워밍업을 충분히 해야 한다. 몸이 풀리지 않은 상태에서 빠르게 뛰는 건, 운동이 아니라 부상의 시작이다. 뛰기 전에 천천히 걷기부터 시작하고, 10분 정도 천천히 몸을 덥힌 후 러닝 페이스를 올리는 것이 좋다.

■ 복장은 결국, 나에게 맞는 '미세 조절'

많은 러너들이 기능성 옷, 브랜드, 가격을 기준으로 옷을 고르지만, 실제로 중요한 건 내가 얼마나 편하게 뛸 수 있는가다. 몸이 너무 뜨거우면 페이스가 떨어지고, 너무 춥게 느껴지면 집중이 깨진다. 그래서 러닝 복장은 단순히 기온에 맞춰 입는 게 아니라, 내 몸이 움직이기 좋은 '적정 온도'를 찾는 과정이라고 보는 게 맞다.

처음엔 실수도 한다. 가을에 반팔민 입고 나갔다가 입 돌아살 뻔하고, 겨울엔 집에서 제일 두꺼운 기모 후드티를 꺼내 입고 나갔다가 3km도 못 가서 벤치에 앉아 옷을 벗으며 "아니, 땀이 이렇게 난다고?"를 외치기도 한다. 나도 그랬다. 영하 2도에 반바지 입고 나갔다가 다리가 뻣뻣하게 굳어버린 적이 있었고, 한 여름에 땀 흡수가 안 되는 면 티를 입고 달리다가 10분 만에 옷이 몸에 들러붙어 후회했던 적도 있다.

하지만 그런 경험들이 쌓인 뒤에야 비로소 생긴다. "오늘은 이 정도면 되겠다." 달리기 전에 손등에 바람 한번 쐬어보고, 셔츠 하나 더 꺼낼지 말지를 눈으로 판단할 수 있는 능력. 그건 유튜브 영상이 알려주는 게 아니라, 내 몸이 얼어보고, 땀범벅이 돼봐야 알게 되는 거다.

복장은 결국 경험으로 만들어지는 감각이다. 입어보고, 벗어보고, 실패도 해봐야 비로소 자기만의 기준이 생긴다. 그러니까 너무 완벽하게 시작하려고 애쓰지 말자. 실수는 다음에 더 완벽함을 만들게 해준다. 러닝은 옷 입는 것도 훈련이다. 몸이 말하는 소리를 듣고, 거기에 반응하는 것. 그게 계절을 이기는 가장 좋은 복장이다.

★ **러너임바의 한 줄 참견**

"달리기에서 옷은 적당히 따뜻하고, 충분히 가벼우면 된다."

초보자를 위한 4주 러닝 플랜

러닝을 처음 시작하는 사람에게 가장 어려운 점은 '달리는 방법을 모른다'는 것이다. 이게 무슨 말이냐고? 우리는 초등학교 운동회 이후로 누가 가르쳐주는 달리기를 배운 적이 없다. 그래서 대부분은 그냥 무작정 뛴다. 숨이 차면 멈추고, 다리가 아프면 중단한다. 그리고 그날 저녁, 땀범벅이 된 옷을 보며 생각한다.

'나는 러닝이랑 안 맞나 봐⋯⋯.'

하지만 러닝도 충분히 '배울 수 있는 운동'이다. 천천히 감각을 익히고, 몸이 쥬비할 시간을 주고, 호흡을 이헤하는 딘게를 지나면 어느 순간 조깅은 일상이 되고, 일상은 훈련이 된다.

당신은 러닝의 출발점에 서 있다. 기록은 중요하지 않다. 몇 분을 뛰었는지보다 내가 매일 러닝화를 신었는지, 내가 1분이라도 숨차게 뛰었는지가 더 중요하다. 당신은 지금 아무것도 모르는 상태에서, 러닝 인생 출발선에 서 있다. 시작이 반이다.

■ 훈련을 시작하기 전에 기억해야 할 세 가지

1. 걷는 것은 부끄러운 일이 아니다: 많은 초보자들이 걷는 걸 실패라고 생각한다. 하지만 걷는 건 회복이고, 준비다. 처음엔 조깅보다 걷기가 더 많아도 괜찮다. 뛰다 걷고, 걷다 다시 뛰면 된다. '나는 아직 준비 중이야'라고 생각하자.

2. 거리보다 시간, 속도보단 리듬: 3km, 5km 같은 거리는 사람을 조급하게 만든다. 지금은 시간으로 계획을 세우자. 20분 동안 움직였다면, 그건 충분히 의미 있는 러닝이다. 숫자보다는 몸의 리듬과 감각에 집중하자.

3. 일주일에 3일만 뛰어도 괜찮다: 러닝은 하루하루의 쌓임이다. 처음부터 매일 하려 들면 지쳐서 포기하게 된다. 주 3~4회, 하루 20~30분 정도면 충분하다. 쉰다고 해서 물거품이 되지 않는다. 쉬는 것도 훈련의 일부다.

■ 1주 차 – 숨이 찰 땐 멈춰도 괜찮아

목표: 몸을 러닝이라는 활동에 익숙하게 만들기.

전략: 걷기 + 조깅 인터벌로 가볍게, 무조건 '즐겁게 끝내기'.

- 1분 걷기 → 1분 조깅 (이걸 5~6세트 반복)
- 혹은 30초 걷기 → 1분 뛰기 (쉬운 쪽 선택 가능)

- 총 운동 시간: 20~30분 내외

참견 한 스푼: 러닝은 '계속 뛰는 것'보다 '다시 시작하는 것'이 더 어렵다. 그러니까 이 주에는 "매일 뛰는 기분으로, 부담 없이 끝내는 것"이 중요하다. 러닝화 끈을 묶는 것, 음악을 고르는 것, 공원까지 걸어 나가서 해내는 것. 이 모든 게 이미 훈련의 일부다.

■ 2주 차 – 조금 더 뛰고, 덜 걷기

목표: 조깅 시간 늘리기＋걷는 시간 줄이기.

전략: 인터벌 비율을 바꿔가며 페이스 감각 익히기.

- 1분 걷기 → 2분 조깅 → 반복
- 혹은 2분 걷기 → 3분 조깅 → 반복
- 총 운동 시간: 25~30분

참견 한 스푼: 숨이 찰 때는 속도를 줄이고, 리듬을 유지하는 걸 목표로 한다. 빠르게 뛰려 하지 말고, 숨이 너무 벅차지 않은 속도로 움직이자. 중간에 너무 지치면 1주 차로 돌아가도 괜찮다. 러닝은 계단식이다. 한 계단 올라가며, 잠깐 멈춰 숨 돌리는 구간도 필요한 법이다.

■ 3주 차 - 처음으로 쉬지 않고 뛰어보기

목표: 연속으로 10분 이상 조깅 도전.

전략: 중간중간 걷기보다는 가능한 한 연속 러닝 시도.

- 10분 연속 조깅 → 3~5분 걷기 → 5분 조깅
- 혹은 15분 조깅 후 정리 스트레칭
- 주 3회 정도는 연속 조깅, 나머지는 2주 차 루틴 반복

참견 한 스푼: 숨이 찰 때 '아, 이쯤에서 멈춰야 하나……' 싶은 순간이 온다. 그때 아주 살짝만 속도를 줄이고, 호흡을 한두 번 정리하면 다시 페이스가 살아난다. 그 감각을 느끼는 게 바로 이 3주차의 핵심이다. 처음으로 '조깅을 하고 있다'는 감각이 찾아오는 주간이다.

■ 4주 차 - 나는 이제 조깅을 할 수 있는 사람이 되었다

목표: 연속으로 20~30분 조깅하기.

전략: 속도보다는 지속 시간에 집중, 느려도 좋다.

- 20분 이상 조깅 → 필요하면 중간에 1~2분 걷기
- 주 3~4회, 운동 후 가벼운 스트레칭
- 회복일에는 30분 산책도 무방

참견 한 스푼: 이제는 러닝이 몸에 어느 정도 익숙해졌을 것이다. 3주 전에는 1분만 뛰어도 숨이 가빴던 내가 지금은 음악

한 곡 다 들으면서 멈추지 않고 달리고 있다. 이건 단순히 체력이 오른 게 아니라, 몸이 '달릴 수 있다'는 사실을 받아들이기 시작한 것이다. 자신감은 그렇게 만들어진다.

■ 그 이후에 대해

이 4주 루틴이 끝났다고 해서 무조건 거리를 늘릴 필요는 없다. 오히려 이 루틴을 한 번 더 반복해도 좋다. 그 과정에서 '이제는 5분 더 뛰어볼까?'라는 생각이 들었다면, 그게 다음 단계의 시작이다.

러닝은 누군가가 정해주는 속도가 아니다. 몸이 말해주는 신호에 귀 기울이는 것, 그리고 그 신호를 따라 조금씩 한 발 더 나아가는 것. 그게 러닝이고, 그게 변화다.

★ 러너임바의 한 줄 참견

"처음 달리기를 시작하는 사람에게 필요한 건 속도계가 아니라 달릴 마음이다."

제3장

자주 묻는 러닝 질문 TOP 10

러닝화 끈은 어떻게 묶어요?

달리기를 시작하면 가장 자주 받는 질문 중 하나가 이거다.

"러닝화 끈은 어떻게 묶어야 하나요?"

처음엔 그게 뭐 그리 중요할까 싶었다. 그런데 막상 대회를 뛰다 보면 러닝화 끈을 제대로 묶지 않아 발톱이 까지거나, 중간에 끈이 풀려 리듬이 흐트러졌다는 이야기를 많이 듣는다. 나역시 그랬다. 처음 마라톤을 뛸 때는 아무 생각 없이 평소처럼한 번 묶고 끝냈다. 30km쯤 지나자 끈이 헐거워졌고, 발등이 욱신거리더니 나중에는 피멍까지 들었다.

그다음부터는 러닝화 끈 묶는 법도 훈련의 일부라고 생각하게 됐다.

■ 끈 묶기의 핵심은 '균형감'이다

너무 세게 조이면 발이 저리고, 반대로 느슨하게 묶으면 발이 신발 안에서 놀며 마찰이 생긴다. 그래서 끈 묶기의 핵심은 처음엔 적당하게, 마지막엔 단단하게다. 기본은 다음과 같다.

- 발을 신발에 넣고, 뒤꿈치를 바닥에 '쿵' 하고 내딛는다 → 발이 신발 뒤쪽에 단단히 밀착되도록 하기 위함이다.
- 발끝 쪽부터 차근차근 끈을 조인다 → 중간중간 발등을 눌러보며 '너무 조이지는 않았나?' 감각을 체크한다.
- 마지막 구멍(아일렛)을 활용해 '러너스 루프'를 만든다 → 끈이 쉽게 풀리지 않고, 발목이 더욱 안정적으로 잡힌다.
- 마무리는 이중 매듭 → 특히 인터벌이나 대회를 뛸 때는 필수다.

익숙해지면 이 과정은 30초도 걸리지 않는다. 하지만 그 30초가 레이스에서 얼마나 큰 차이를 만들어내는지는 직접 경험해보면 알 수 있다.

■ 러너스 루프, 꼭 필요할까요?

결론부터 말하자면 YES, 강력 추천이다. 러너스 루프는 마지막 구멍에 끈을 한 번 더 감아 고리를 만들고, 그 고리에 끈을 통과시키는 방식이다. 신발 끈을 단단히 고정시켜주는 이 방식 하나만으로도 '신발 안에서 발이 밀리는 느낌'이 거의 사라진다.

나도 원래는 대회에서만 사용했는데, 요즘은 평소 조깅 때도 습관처럼 묶는다.

물론 매번 끈을 풀고 다시 묶는 게 번거롭지만, 발을 단단히 고정하는 가장 확실한 방법이다. '오늘은 오래 뛸 것 같다' 싶을 땐, 러너스 루프+이중 매듭이 나의 '공식 세팅'이다.

■ 매번 끈을 다시 묶는 이유

나는 달리기를 할 때마다 러닝화 끈을 다시 묶는다. 장거리든, 짧은 조깅이든, 신발을 신은 뒤 끈을 확인하는 건 이제 거의 무의식처럼 굳어진 루틴이다. 처음엔 단순한 습관이었는데, 훈련 중 느슨해진 끈 때문에 발이 흔들리는 경험을 한 뒤부턴 절대 그냥 지나치지 않는다.

특히 인터벌이나 레이스 페이스로 달릴 때는 단 1cm의 흔들림도 페이스에 영향을 줄 수 있다. 끈이 단단히 묶였다는 그 작은 안정감이 러닝에 몰입하게 해주고, 쓸데없는 신경 낭비를 줄여준다.

몇십 초만 투자하면 몇십 분짜리 훈련이 달라진다.

■ 끈이 자꾸 풀리는 사람에게

아무리 잘 묶어도 끈이 자꾸 풀린다면 그건 장비 문제일 수 있다. 끈이 너무 낡았거나, 재질이 미끄럽거나, 매듭이 느슨할 수 있다. 이럴 땐 과감하게 끈을 교체해보는 것도 좋은 방법이다. 요즘은 발등 압박을 줄여주는 엘라스틱 끈이나 원터치 조임 시스템도 나와 있다.

초보자에겐 다소 복잡해 보일 수 있지만, 기록에 욕심이 생기기 시작했다면 끈도 '전략'의 일부가 될 수 있다.

끈이 자꾸 풀리면 기록도, 기분도, 심지어 발톱도 망가질 수 있다. 러닝화 끈, 생각보다 중요하다.

■ 마무리하며

러닝화 끈 하나에도 신경을 쓰게 되면서 내 러닝의 '리듬'이 안정되기 시작했다. 발등이 조이지는 않는지, 끈이 풀릴 틈은 없는지 확인하는 습관이 붙으면서 그 작은 루틴이 큰 차이를 만들어냈다.

훈련이 점점 길어지고, 페이스가 빨라질수록 끈 하나의 영향도 커진다. 이건 특별한 기술이 아니다. 안정적이고 안전한 러닝을 위한 가장 기본적인 습관일 뿐이다.

★ 러너임바의 한 줄 참견

"러닝화 끈은 단단히, 마음은 가볍게."

아프면 쉬어야 하나요?

이 질문은 정말 많은 러너들이 입문 초기에, 그리고 시즌 중에도 반복해서 스스로에게 던지는 것이다.

"이게 그냥 근육통일까? 아니면 부상인가?"

"지금 뛰면 더 나빠지려나? 근데 더 쉬었다간 페이스 흐트러질 텐데."

혼란스러운 마음속에서 러너는 결정을 내려야 한다. 계속 달릴지, 오늘은 쉬어야 할지.

결론부터 말하자면 아플 때는 쉬는 게 맞다. 하지만 중요한 건 아픔의 종류와 쉬는 방식이다. 그 기준을 제대로 알면, 우리는 아프지 않게 오래 달릴 수 있다.

■ 적당한 근육통은 성장의 신호, 통증은 멈춤의 신호

러닝을 처음 시작하면 2~3일 안에 다리가 묵직해지고, 종아리가 땅기고, 허벅지가 욱신거린다. 이건 근육이 새로운 자극에 반응하는 자연스러운 과정이다. 이런 근육통은 통증이 아니라 회복의 일부다.

하지만 통증은 다르다.

- 한쪽 관절만 아프다.
- 걸을 때도 불편하다.
- 달릴수록 점점 더 심해진다.
- 쉬어도 며칠째 낫지 않는다.

이런 느낌이라면, 그건 '멈춰주세요'라고 몸이 보내는 신호다. 이 신호를 무시하고 계속 달리면, 단순한 통증이 부상으로 바뀐다.

■ 불편함과 부상의 경계

러닝을 하다 보면 몸의 여러 감각이 섞여 들어온다. 단순 피로, 근육 뭉침, 무릎 저림, 관절의 찌릿함, 아킬레스건이 뻐근한 느낌…… 이럴 땐 다음 세 가지를 기준 삼아보자.

1. 대칭인가? 한쪽만 아프면 위험 신호. 양쪽이 비슷하면 괜찮을 확률이 높다.
2. 움직이면 나아지는가? 뛰기 시작하고 5~10분 안에 통증

이 완화되면 일시적인 피로일 수 있다. 하지만 달릴수록
아프면 멈춰야 한다.
3. 일상생활에서 불편한가? 걷기, 계단 오르기, 앉았다 일어
설 때에도 아프면 무조건 쉬어야 한다.

이 기준으로 걸러보면, 단순 근육통인지, 부상 초기인지 훨씬
더 쉽게 구별할 수 있다.

■ 쉬는 것도 훈련의 일부다

러너는 '안 뛰는 날'에 더 강해진다. 우리는 훈련을 통해 자극
을 주고, 휴식을 통해 회복하면서 더 단단해진다. 쉬는 날은 훈
련을 포기하는 날이 아니라, 훈련을 흡수하는 날이다.

쉬는 것도 두 가지 방식이 있다.

- 완전한 휴식: 아무것도 하지 않고 쉬는 날(통증이 뚜렷할 때
  필요)
- 능동적 회복: 가벼운 산책, 자전거, 스트레칭 등 몸을 부드
  럽게 움직여주는 날(뻐근할 때 효과적)

중요한 건, 쉬는 날에도 스스로를 게으르다고 느끼지 않는 것
이다. 지금 쉬는 건 '계속 달리기 위해' 쉬는 거니까.

■ '이 정도는 괜찮겠지'가 가장 위험한 생각

러닝을 해본 사람이라면 누구나 이런 생각에 빠진 적이 있다.

'조금만 참고 오늘까지만……'

'이번 주 마일리지 채워야 하니까……'

'대회가 얼마 안 남았으니까 그냥 뛰자……'

하지만 부상은 항상 그 순간을 노리고 있다. 통증은 대체로 몸이 우리보다 먼저 알고 있다. 무시하고 달리면, 결국 달릴 수조차 없는 날이 온다. 러너는 자기 감각을 신뢰할 줄 아는 사람이다. 이 감각은 달릴수록 예민해지고, 훈련이 쌓일수록 정확해진다. 오늘 쉬면 내일 다시 뛸 수 있지만, 오늘 참고 달리면 다음 주 전체를 쉴 수도 있다.

■ 회복도 '러닝의 일부'다

진짜 훈련은 뛴 다음 날 시작된다. 스트레칭, 폼롤러, 마사지, 수면, 수분 보충……. 이 모든 것들이 러너의 회복력을 만든다. 하루 쉬는 게 두렵지 않은 러너가, 결국 가장 오래 달릴 수 있는 러너다. 당신의 몸은 숫자보다 소중하다. 그리고 때로는 가만히 있는 게 가장 빠른 회복이다.

★ 러너임바의 한 줄 참견

"쉴까 말까 고민된다면, 쉬는 게 정답이다."

스마트워치는 꼭 필요한가요?

달리기를 시작하려는 사람들의 질문 리스트를 보면 꼭 빠지지 않고 등장하는 게 이거다.

"스마트워치가 있어야 하나요?"

주변을 보면 다들 시계 하나씩은 차고 뛰고, SNS에는 '오늘의 페이스, 거리, 심박수' 같은 러닝 기록이 시계 사진과 함께 올라온다. 그러다 보니 막상 나는 아무 장비 없이 러닝화만 신고 달리는 게 왠지 부족한 것처럼 느껴진다.

그래서 이 질문에 대해 차분하게, 아주 현실적으로 정리해보려 한다. 결론부터 말하면, 안 사도 된다. 하지만 어떤 기능이 있고, 어떤 사람에게 확실히 도움이 되는지도 알아두면 좋다. 러닝을 '기록의 대상'이 아니라 '습관의 대상'으로 시작해야 한다.

■ 스마트워치, 뭘 해주는 건가?

스마트워치 또는 GPS 워치는 기본적으로 달리는 동안의 데이터를 '수집'해준다. 대표적인 기능은 다음과 같다.

- 거리 측정: 오늘 몇 킬로미터 뛰었는지 확인 가능
- 페이스 측정: 1km당 몇 분 걸렸는지, 얼마나 일정하게 유지했는지 알려줌
- 심박수 측정: 운동 강도와 피로도 추적에 활용
- 시간 체크: 세션의 총시간과 각 구간별 속도 비교
- 기록 저장: 매일, 매주, 매달 얼마나 뛰었는지 추적

즉 스마트워치는 '나의 러닝 패턴을 시각화해주는 도구'다. 훈련이 반복되고 루틴이 생길수록 이 데이터는 더 의미 있어진다.

■ 그럼 초보자도 바로 써야 할까?

사실 대부분의 초보자는 시계를 사자마자 바로 모든 기능을 쓰지 못한다. 거리, 시간, 심박수, 보폭, 케이던스 숫자는 가득하지만 그 숫자들을 어떻게 해석해야 할지 모르는 경우가 많다.

러닝을 시작한 지 얼마 되지 않은 단계라면 중요한 건 '얼마나 뛰었는가'보다 '뛰었는가' 자체다. 오늘도 나갔는가? 어제보다 1분이라도 오래 움직였는가? 그게 핵심이다.

게다가 스마트워치를 차고 뛰면, 처음엔 오히려 숫자에 끌려다니기 쉽다. 1km마다 진동이 울릴 때 스스로를 평가하게 된다.

'좀 느린데?'

'어제보다 줄었네…….'

이런 판단이 러닝을 즐기기보다 점점 '보는 운동'으로 만들 수도 있다.

■ 그럼 없으면 아예 못 하나?

전혀 아니다. 요즘은 스마트폰 앱만으로도 대부분의 러닝 데이터를 기록할 수 있다. 대표적으로 많이 쓰는 앱은 스트라바(Strava), NRC(Nike Run Club), 런데이(RunDay) 등이다.

이런 앱들은 GPS 추적을 통해 거리, 시간, 페이스를 측정해주고 다른 사람과 기록을 비교하거나 응원을 주고받는 커뮤니티 기능도 갖추고 있다. 손목에 시계를 안 찼어도, 러너는 러너다.

■ 언제쯤 필요해질까?

스마트워치가 빛을 발하는 순간은, 러닝이 습관이 되고, 훈련의 목적이 생기고, 페이스 조절이나 거리 조절이 필요한 시점이다. 예를 들어

- 10km 대회 목표를 세웠을 때
- 주간 누적 거리 훈련을 관리할 때
- 장거리 러닝에서 구간 페이스 조절이 중요할 때

이럴 땐 시계가 러닝에 큰 도움이 된다. 즉 스마트워치는 '기

록을 관리하기 시작할 때' 필요해진다. 러닝을 시작한 지 3~6개월 후, 내가 나름의 루틴을 만들고 나면 그때 자연스럽게 쓰고 싶어질 것이다.

■ 스마트워치보다 중요한 것

러닝을 오래 한 사람일수록 이렇게 말한다.

"시계는 점점 적게 보고, 내 몸은 더 자주 들여다보게 된다."

오늘 내 다리는 가벼운가? 호흡은 괜찮은가? 지금 뛸 마음이 있는가?

이런 질문들은 스마트워치가 대신해줄 수 없다. 진짜 훈련은 숫자가 아니라 감각으로 하는 것이다.

물론 스마트워치가 있다면, 그것도 분명히 좋은 도구다. 하지만 없다면, 우리는 그냥 달리기 자체에 집중하면 된다. 기록은 나중 문제고, 마음이 더 앞서야 한다.

★ 러너임바의 한 줄 참견

"스마트워치는 기록을 남기지만, 습관을 만드는 건 마음이다."

초보자가 카본화를 신으면 안 되나요?

러닝을 막 시작하면 이런 생각이 든다.

'이제 신발 하나 장만해야지.'

그리고 검색창에 '러닝화 추천'을 치는 순간, 알고리즘은 우리를 한 방향으로 데려다준다. 바로 '카본화'라는 빛나는 세계.

'기록 단축의 핵심', '킵초게가 선택한 그 신발', '마라톤을 2시간 안에 완주한 기술' 같은 유혹적인 문구들이 눈앞을 어지럽히고, 유튜브에선 수많은 러너들이 페이스 그래프와 함께 카본화를 자랑스럽게 신고 등장한다. 그걸 보다 보면 슬며시 이런 생각이 든다.

'나도 카본화부터 시작하면 더 잘 뛰지 않을까?'

결론부터 말하면, 신는 건 당신 자유지만, 초보자에게는 추천

하고 싶지 않다. 그 이유는 생각보다 간단하다. 그건 아직은 당신을 위한 신발이 아니기 때문이다.

■ 카본화는 '빠른 사람을 더 빠르게' 만들기 위해 태어났다

2017년, 마라톤 역사에 한 획을 그은 프로젝트가 있었다. 바로 엘리우드 킵초게의 서브2 도전. 인간이 마라톤 42.195km를 두 시간 안에 완주할 수 있을까? 그 도전을 위해 기상 조건, 트랙, 페이스메이커는 물론이고, 신발도 실험실에서 태어났다.

카본 플레이트가 들어간 러닝화는 발을 딛는 순간 생기는 에너지를 흡수했다가, 발을 뗄 때 '통!' 하고 튕겨주는 반발력을 만들어낸다. 적게 힘주고 멀리 가는 느낌. 물론 그것도 다리가 감당할 수 있을 때 얘기다.

킵초게는 그 신발을 신고 마라톤을 1시간 59분 40초에 완주했다. 그리고 그 순간부터 카본화는 러닝계의 슈퍼스타로 떠올랐다.

■ 그러나 우리는 킵초게가 아니다

초보자가 카본화를 처음 신었을 때 흔히 하는 말이 있다.

"오…… 느낌은 있다."

그다음 날엔 이렇게 바뀐다.

"오…… 무릎이 좀…… 느낌 있다."

카본화는 반발력이 큰 만큼 충격도 크다. 반응이 빠르고 딱딱

한 신발이므로 그 힘을 받아낼 수 있는 하체 근력이 갖춰져야 한다. 그렇지 않으면 자세가 무너지고, 착지할 때 충격이 고스란히 무릎이나 발목에 쌓인다.

초보자에게 필요한 건 반발력이 아니라 안정감이다. 조금 덜 튕겨도, 다치지 않고 끝까지 가는 게 더 중요하다.

■ 빠른 신발보다 느린 감각이 먼저다

카본화는 빠르지만 그만큼 조심해야 한다. 초보자가 처음 면허 따고 포르쉐 몰고 나가면 "오, 느낌 좋아!" 하다가 주차장 기둥이랑 하이파이브할 수도 있다.

러닝도 마찬가지다. 신발이 나를 이끌어주는 게 아니라, 내가 신발을 제어할 수 있어야 진짜 도움이 된다.

러닝을 처음 시작하는 시기에는 자세, 착지, 페이스, 호흡 리듬…… 익혀야 할 것이 많다. 카본화는 그걸 도와주는 신발이 아니다. 오히려 가려버릴 수도 있다.

■ 초보자에게 더 좋은 선택은 따로 있다

처음에는 솔직히 카본화가 더 멋져 보인다. 디자인도 예쁘고, 왠지 프로 같은 느낌도 나고. 하지만 지금 당신에게 더 잘 어울리는 건 적당한 쿠션에, 발을 부드럽게 감싸주며, 걷고 달릴 때 편안함을 주는 러닝화다.

이건 마치 처음 기타 배우는 사람이 500만 원짜리 명품 기타보다 손가락 아프지 않고 잘 눌리는 기타를 먼저 사야 하는 이유랑 비슷하다. 좋은 장비는 실력과 함께 맞춰야 제맛이다.

그럼 카본화는 언제쯤 신어도 될까?

만약 5km 이상을 무리 없이 달릴 수 있고, 10km 대회를 한두 번쯤 완주했으며, 지금 페이스를 어느 정도 유지할 수 있게 되었다면, 그때부터 카본화는 분명한 가치를 가진다.

특히 기록을 목표로 삼는 중상급자에겐 카본화가 단순한 도구를 넘어 '훈련 파트너' 역할을 해주기도 한다. 다만 그 단계에 이르기 전까지는, 카본화가 주는 '느낌'보다 지금 내 몸이 보내는 '신호'에 더 귀를 기울이는 게 좋다. 지금은 달리는 근육보다, 달릴 마음이 더 소중한 시기니까.

★ 러너임바의 한 줄 참견

"킵초게는 두 시간 안에 완주했지만, 우리는 2km만 달려도 충분히 자랑스럽다."

심박수가 중요할까요?

러닝을 조금이라도 해본 사람이라면 한 번쯤 이런 말을 들어봤을 것이다.

"지금은 유산소 존이에요."

"이건 무산소 영역까지 올라간 거야."

"심박수 160 넘으면 위험한 거 아냐?"

옆에서 그렇게 말하는 사람은 시계를 보며 진지한 표정을 짓고, 순간 나는 불안해진다.

'내가 지금…… 뭘 하고 있는 거지?' 그리고 이 실문이 따라온다. '심박수, 진짜 중요한 걸까?'

결론부터 말하면, 심박수는 분명 러닝에서 중요한 도구가 될 수 있다. 하지만 모든 러너에게, 특히 러닝을 막 시작한 초보자에게 반드시 필요한 건 아니다.

■ 심박수는 내 몸의 '신호등'이다

심박수란 말 그대로 1분 동안 심장이 뛰는 횟수다. 운동 강도가 올라가면 심장이 더 빠르게 뛰고, 쉬고 있을 때는 느리게 뛴다. 이걸 이용하면 지금 내 운동 강도를 간접적으로 알 수 있다.

심박수의 영역은 보통 이렇게 나뉜다.

- Zone 1(회복 영역): 최대 심박수의 50~60%
- Zone 2(지방 연소 유산소 영역): 60~70%
- Zone 3(유산소 지구력 향상): 70~80%
- Zone 4(무산소 시작점): 80~90%
- Zone 5(고강도 훈련): 90~100%

이 수치를 보면 뭔가 과학적이고 정교해 보인다. 실제로도 중·고급 러너들에겐 이 영역별 훈련이 꽤 중요하다. 하지만 초보자에게 이걸 던져주면 어떨까?

'뭔가 있어 보이는데…… 나 이거 잘 모르면 안 되는 사람 같은데…….'

그런 부담감부터 생긴다.

■ 초보자에게 '심박수'는 단어보다 감각이 먼저다

러닝을 시작하자마자 심박계를 들여다보면 생기는 현상이

있다. '불안'과 '집착'이다. 어제보다 심박수가 조금만 높게 나와도 '왜지? 나 오늘 컨디션 안 좋은가?' 불안해하고, 심박수 160 넘으면 자동으로 뛰던 걸 멈추고 '큰일 났나?' 하며 스트레칭을 시작한다.

물론 몸을 아끼는 건 좋은 일이다. 하지만 중요한 건, 초보자의 심장은 아직 운동에 익숙하지 않다. 러닝 초반에는 심박수가 쉽게 오르고, 그게 어느 순간부터 '이런 운동이구나' 하고 적응하면서 자연스럽게 낮아진다. 그 과정 없이 처음부터 숫자만 붙잡고 있으면, 러닝의 진짜 재미를 못 느끼고 포기할 수도 있다. 게다가 사람마다 심박수 기준은 제각각이다. 같은 속도로 달려도 어떤 사람은 심박수 140, 어떤 사람은 170이 나온다. 숫자가 중요한 게 아니라, 그 숫자가 나에게 어떤 의미인지를 아는 것이 더 중요하다.

■ 그럼 심박수는 언제부터 중요해지나?

러닝이 어느 정도 습관이 되고, 몸이 러닝이라는 동작에 익숙해졌을 때 심박수는 비로소 '훈련을 정리해주는 도구'가 된다. 예를 들어

- 페이스는 느린데 심박수는 높은 날 → 컨디션이 나쁘거나 피로가 쌓인 상태
- 심박수는 낮은데 속도는 잘 나오는 날 → 회복이 잘되어 몸 상태가 좋은 경우

- 러닝 후에 회복 심박이 빠르게 내려가는지 → 몸의 회복력 체크

이런 것들을 알면 '아, 오늘은 강하게 밀어붙여도 되겠다', '오늘은 살살 달리며 회복하는 게 낫겠다' 하는 식으로 훈련 조절이 가능하다.

특히 장거리 훈련이나 마라톤 대회에서 페이스 조절 도구로 활용하기에 딱 좋은 게 심박수다. 무리하지 않으면서 안정적인 속도를 유지하려면, 속도보다 '내 심장이 보내는 신호'를 읽는 게 훨씬 유리하다.

■ 심박계를 꼭 사야 하나?

사람들이 가장 많이 묻는 질문 중 하나다.

"스마트워치나 심박계, 꼭 사야 해요?"

물론 있으면 좋다. 가민, 애플워치, 코로스, 순토 등 요즘 시계들은 심박수는 물론이고 수면, 회복 시간, 훈련 부하까지 알려준다. 게다가 요즘엔 손목형 센서만으로도 꽤 정확한 심박수 측정이 가능해졌다.

하지만 여기서 중요한 건 이거다. 기계를 믿기 전에, 내 감각을 먼저 신뢰하는 훈련이 더 중요하다. 오늘 호흡이 어떤지, 다리는 무거운지, 뛸 때 상체에 힘이 들어가는지, 이런 감각이 심박수보다 먼저다.

다시 말해 심박계는 자전거의 보조 바퀴일 뿐, 페이스메이커가 아니다.

■ 심박수보다 중요한 건 심장이 어떻게 느끼는가다

러닝은 심장이 뛰는 운동이다. 그런데 그 심장은 단순히 숫자만을 보내지 않는다. 어떤 날은 슬픈 일을 잊기 위해 뛰고, 어떤 날은 그저 머릿속을 비우고 싶어 나간다. 그런 날은 심박수가 조금 높게 나와도 괜찮다. 그게 당신을 살리는 러닝이라면, 그 러닝은 이미 최고의 훈련이다.

★ 러너임바의 한 줄 참견

"심박수도 중요하지만, 오늘 뛰고 싶은지 아닌지가 먼저다."

무릎 안 아프게 뛰는 방법은?

러닝을 시작하고 처음 한두 주는 정말 꿈같다. 상쾌한 아침 공기, 기분 좋은 땀, 밤에 더 깊이 잠들 수 있는 피로감까지. 몸도 마음도 가벼워지는 것 같고, '이건 진짜 내 운동이다'라는 확신이 든다. 그러나…… 그 행복한 시기를 조용히 깨뜨리는 존재가 등장한다. 바로 무릎 통증이다.

"처음엔 안 그랬는데 왜 갑자기 무릎이 뻐근하지?"

"오늘은 달리기 안 했는데도 계단 오를 때 찌릿한데?"

"이러다 진짜 나 무릎 나가는 거 아냐?"

러닝을 시작한 초보자 대부분은 이 시점에서 고민에 빠진다. 그리고 검색창에 이렇게 묻는다.

"무릎 안 아프게 뛰는 법, 없나요?"

■ 무릎은 러너의 약점이 아니다

무릎은 흔히 '달리기의 약한 고리'처럼 여겨진다. 그러나 정확히 말하면, 무릎은 피해자다. 문제는 무릎 자체가 아니라, 그 무릎에 얼마나 높은 하중이 실리는지, 그리고 그걸 주변 근육들이 얼마나 잘 분산시켜주는지에 달려 있다.

쉽게 말하면, 무릎이 아픈 건 '무릎 때문'이 아니라 엉덩이, 햄스트링, 종아리, 발목 등이 제 역할을 못 하고 있기 때문인 경우가 많다. 모두가 가만히 있는데 혼자서 일 다 하다 보니, 무릎만 지쳐 쓰러지는 셈이다.

■ 무릎을 지키는 첫 번째 방법: 천천히 시작하기

러닝을 시작하자마자 무리해서 뛰는 사람들이 많다. 1km, 3km, 어느새 5km……. 몸이 생각보다 잘 따라오는 것 같고, 달리다 보면 기분도 좋아지니 더 가고 싶어진다. 하지만 이건 몸이 좋아서가 아니라, 아드레날린 때문이다.

문제는 다음 날이다. 다리는 무겁고, 무릎은 묵직하다. 그리고 다음 주가 되면 통증은 조금씩 더 자주, 더 강하게 찾아온다. 무릎을 지키는 가장 좋은 방법은 처음 한 달은 '조금 부족하다' 싶게 달리는 것이다. 주 3~4회, 하루 20~30분, 걷기 + 조깅 섞기 그리고 무엇보다 다음 날 아프지 않은지를 점검하며 거리 늘리기.

무릎은 속도보다 반복에 민감하다. 오늘 많이 뛰는 것보다,

한 달 후에도 멀쩡한 게 더 중요하다.

■ 착지가 중요하다는 말, 도대체 왜?

러닝 자세에서 가장 많이 등장하는 단어 중 하나가 바로 '착지'다.

"앞꿈치 착지해야 하나요?"

"힐 스트라이크는 안 좋은 건가요?"

"나는 그냥 툭툭 내려찍는 느낌인데 괜찮나요?"

결론부터 말하자면, 착지는 발이 아니라 전체 자세의 결과다. 정확한 착지는 무릎에 전해지는 충격을 줄여주고, 그 에너지를 효율적으로 다음 동작으로 넘겨준다. 반대로, 잘못된 착지는 마치 무릎이 브레이크 역할을 하게 만든다. 가장 흔한 문제는 발이 몸보다 앞에 떨어지는 오버스트라이드다. 이렇게 되면 착지 순간, 충격이 고스란히 무릎으로 간다.

착지를 바꾸고 싶다면,

- 상체를 살짝 앞으로 기울이고
- 보폭을 줄이되, 리듬은 유지하고
- 딱딱 '딛는' 느낌보다 부드럽게 '스치는' 감각으로

이런 방식으로 달리면 훨씬 더 자연스럽고 무릎에 부담이 덜 간다.

■ 근력 운동을 하면 무릎이 더 좋아진다고요?

"무릎 아픈데 스쿼트를 하라고요?"

이 말이 처음엔 이상하게 들릴 수 있다. 하지만 무릎을 움직이는 건 근육이고, 그 근육들에 힘이 없으면 결국 관절이 과로하게 된다.

특히 중요한 부위는

- 엉덩이 근육(둔근)
- 허벅지 뒤쪽(햄스트링)
- 종아리(비복근, 가자미근)

이 부위들이 제대로 힘을 내줘야 무릎은 편안하게 지탱할 수 있다.

러너들에게 가장 좋은 보조 운동은

- 스쿼트
- 런지
- 힙 브릿지
- 사이드 레그레이즈

이와 같은 하체 깅화 운동+코어 운동이나. 일주일에 2~3번, 15~20분만 해줘도 무릎의 부담이 훨씬 줄어든다.

무릎이 약한 게 아니라, 그 주변이 아직 덜 준비됐을 뿐이다.

■ 진짜 무릎 통증은 '이럴 땐 꼭 쉬어야 한다'

그렇다면 어떤 통증이 진짜 위험한 걸까? 다음 중 하나라도 해당된다면 당분간 러닝을 쉬는 게 좋다.

- 계단을 내려갈 때 무릎이 찌릿하다.
- 걸을 때도 불편하다.
- 뛰지 않아도 무릎 바깥쪽이 욱신거린다.
- 무릎에서 '뚝뚝' 이상한 소리가 반복된다.

이런 경우는 러너스 니(runner's knee), 장경인대 증후군, 연골 마모, 슬개골 통증 등의 초기 증상일 수 있다. 이때는 억지로 뛰지 말고 스트레칭, 아이싱, 회복 운동을 먼저 해주는 게 중요하다.

그리고 꼭 기억하자. 쉬는 건 퇴보가 아니라 회복이다.

■ 무릎은 참 억울하다

러닝을 하고 나서 무릎이 아프면 사람들은 이렇게 말한다.

"원래 무릎 안 좋은 사람은 달리면 안 된다니까."

"무릎 망가져. 조심해."

이런 말들이 오히려 달리기를 멀어지게 만든다.

하지만 무릎은 그렇게 약한 존재가 아니다. 수많은 엘리트 러너들도, 수십 년을 달린 마스터스 러너들도 다 무릎으로 달리고 있다. 차이는 단 하나. 그 무릎을 어떻게 관리했느냐에 있다.

지금 당신의 무릎이 아프다면 당신은 실패한 게 아니라, 그 무릎을 돌봐야 할 시기를 만난 것뿐이다.

★ 러너임바의 한 줄 참견

"무릎은 달리기를 막는 게 아니라, 몸의 균형이 무너졌다고 말해주는 곳이다."

숨이 너무 찬데 소질이 없는 건가요?

러닝을 막 시작한 사람들의 입에서 가장 자주 나오는 말 중 하나가 있다.

"숨이 너무 차요. 나는 뛰는 체질이 아닌 것 같아요."

이 한마디에는 숨이 턱끝까지 차오른 초보 러너의 당황, 걱정, 자책이 모두 담겨 있다. 뛰고는 싶은데, 겨우 1분 만에 숨이 차오르니 '나는 원래 이런 운동이랑은 안 맞는 체질인가?' 하는 생각이 드는 것도 무리는 아니다.

특히 SNS에서 10km, 하프, 풀코스를 뛰었다는 사람들의 인증 사진을 보다 보면 '다들 쉽게 달리는 것 같은데 나만 왜 이럴까?' 이런 비교가 시작된다. 그리고 어느 순간, 속으로 이렇게 결론을 내린다.

'나는 러닝에 소질이 없나 봐······.'

하지만 여기서 분명히 말할 수 있다. 숨이 찬 건 당연한 일이고, 소질이 없는 게 아니라 '아직 안 익숙한 것'일 뿐이다.

■ 숨이 찬 건 재능 부족이 아니다

우리는 숨찬 걸 너무 지나치게 걱정한다. 숨이 찬 건 실패나 약함의 표시가 아니라, 지금 내 몸이 새로운 동작을 받아들이는 방식이다. 달리기는 일상에서 거의 쓰지 않던 호흡 리듬, 익숙하지 않은 페이스, 반복적인 전신 운동을 포함한다. 이 모든 게 갑자기 시작되면 몸은 '어? 지금 뭐 하는 거야?' 하고 당황한다. 그리고 그 신호가 바로 '숨참'으로 나타나는 것이다.

숨이 찬 건 당연하다. 그리고 그것은 적응의 시작이다. 하루 1분, 3분, 5분······. 그 시간이 쌓일수록 호흡은 정돈되고, 심장은 점점 천천히 뛰기 시작한다. 숨이 찬 건 당신이 '못해서'가 아니라, 몸이 변하기 위해 애쓰고 있다는 증거다.

■ 초보 러너의 착각: '다들 원래 잘 뛰었을 거야'

가장 흔한 착각 중 하나다.

"러닝 좀 한다는 사람들은 처음부터 5km, 10km 쉽게 뛴 거 아냐?"

하지만 놀랍게도 거의 모든 러너들은 숨차서 걷고, 걷다 지쳐 앉고, 앉은 채로 회의감 느껴본 시절이 있다.

그들은 다만 그 시절을 지나왔을 뿐이다. 그리고 SNS에 올리는 건 10km 완주 사진이지, "오늘 800m 뛰고 벤치에서 10분 앉아 있었어요"는 잘 안 올릴 뿐이다.

지금 당신의 모습이 절대 예외가 아니라는 것, 모두가 지나온 길 위에 서 있다는 걸 잊지 말자.

■ 호흡에도 연습이 필요하다

우리는 어릴 때부터 숨 쉬는 법을 따로 배우지 않는다. 숨은 그냥 쉬는 거니까. 하지만 운동에서의 호흡은 다르다. 특히 러닝은 호흡을 리듬으로 바꾸는 연습이 필요하다.

처음 러닝을 시작했다면 의식적으로 다음을 시도해보자.

- 들숨과 날숨의 비율을 맞춰보는 것
- 코로 들이쉬고 입으로 내쉬며, 내쉴 때는 '후~' 하고 길게
- 가능하다면 말할 수 있을 정도의 페이스 유지

이런 작은 연습들이 숨이 찬 순간에도 '조절할 수 있다'는 감각을 만들어준다. 중요한 건 숨이 차는 것이 아니라, 그 숨을 내가 얼마나 받아들이고 다루는지다.

■ 걱정하지 말아요 그대, 누구나 처음엔 헉헉거렸다

숨이 찬 걸 '소질 부족'으로 느끼는 사람은 정말 많다. 그런데 숨 안 차는 사람은 없다. 다만, 오래 달린 사람은 그 찬 숨을 다

루는 데 익숙할 뿐이다.

지금 당신이 1분만 달려도 숨이 차오른다면, 당신은 잘하고 있는 거다. 왜냐하면 대부분의 사람들은, 숨이 차기도 전에 러닝화를 벗어버리기 때문이다.

조금씩 늘려가자. 1분 달리기 → 1분 걷기 2분 달리기 → 1분 걷기를 반복하다 보면 어느 순간 10분이 되고, 10분은 20분이 되고, '언제 이렇게 늘었지?' 하는 날이 온다.

■ '소질'이란 단어, 러닝에는 어울리지 않는다

러닝은 기록의 운동 같지만, 사실은 반복의 운동이다. 조금씩 쌓아가다 보면 처음엔 상상도 하지 못한 속도와 거리가 어느새 내 것이 된다.

'소질'이란 단어는 누구는 잘하고 누구는 못하는 것처럼 들리게 만든다. 하지만 러닝은 그렇지 않다. 지금 숨이 찬 당신에게 가장 필요한 건 꾸준히 계속하려는 마음, 그게 바로 러너의 진짜 재능이다.

★ 러너임바이 한 줄 참견

"숨이 찰 땐, 재능을 의심하지 말고 그냥 다음 한 걸음만 더 가보자."

5km, 10km, 하프……
풀코스는 언제 도전하죠?

달리기를 막 시작했는데, 문득 머릿속에 이런 질문이 떠오른다.

"이러다 나도 대회까지 나가는 거 아니야?"

"5km? 10km? 하프 마라톤은 언제쯤 도전해볼 수 있지?"

"언젠간 풀코스도 뛰어볼 수 있지 않을까?"

그리고 곧장 인터넷에 접속해 마라톤 대회 일정을 검색한다. '춘천마라톤', '서울마라톤', '댕댕런'. 사이트를 둘러보다 보면 막상 나도 할 수 있을 것 같고…… 어느새 신청 버튼 위에 커서를 올리고 있다.

하지만 이 시점에서 중요한 질문 하나 던져보자.

"나는 지금, 어떤 러닝을 하고 있는가?"

■ 목표가 생기면, 욕심도 따라온다

처음엔 단순히 건강을 위해, 혹은 걷기보다 멋져 보여서 러닝을 시작했지만 이상하게도 달리기는 사람의 마음에 욕심을 불러일으킨다.

'나는 하루에 얼마나 뛸 수 있을까?'

'지금 3km 뛰었으면…… 다음엔 5km?'

'이제 10km쯤은 뛰어줘야 하지 않나?'

특히 대회 일정이 눈앞에 보이면 마치 다음 단계로 무조건 넘어가야 할 것 같은 압박이 생긴다. 그러다 보면 준비보다 계획이 먼저 달리기 시작한다.

■ 러닝은 '속도'보다 '준비'가 먼저다

러닝에서 가장 중요한 건 '얼마나 멀리 뛰었느냐'가 아니라 '어떻게 꾸준히 달리고 있느냐'다.

지금 5km를 뛸 수 있다면, 그걸 몇 주간 편안하게 유지해보고, 주간 거리와 빈도가 안정적으로 쌓이고 있는지를 먼저 체크해야 한다. 거리는 그렇게 자연스레 늘어나는 것이지 '다음 주부터 10km!'라고 마음먹는다고 갑자기 늘어나는 게 아니다. 조급하게 늘리는 거리만큼, 부상의 위험도 같이 커진다.

■ 급하게 도전하면, 다리가 먼저 지친다

5km를 겨우 세 번 뛰어본 사람이 무작정 10km 대회에 나가

면 숨은 물론이고 무릎, 종아리, 엉덩이까지 놀란다. 심지어 그 다음 날엔 '난생처음 걷는 게 더 힘든 날'을 경험할 수도 있다.

내 경우도 그랬다. 자랑처럼 "이번 하프 코스 대회가 내 최장 거리 기록이야"라고 얘기했지만, 그건 자랑이 아니다.

초보자의 러닝은 지속성이 최고의 목표다. 한 번 10km를 뛰었다고 훌륭한 러너가 되는 게 아니라, 한 달을 꾸준히 다치지 않고 달리는 사람이 훨씬 더 오래간다.

■ 그럼 도전할 시점은 언제쯤일까?

하나의 현실적인 기준이 있다. 바로 '대회 거리의 5배'를 주간 러닝 거리로 소화할 수 있을 때로

- 5km 대회라면 주간 25km 정도
- 10km 대회라면 주간 50km 정도
- 하프 마라톤이라면 주간 70~80km 정도

꼭 숫자에 매이지 않아도 되지만, 이 기준은 몸이 충분히 준비되었는지를 가늠할 수 있는 최소한의 가이드다.

내 몸이 그 거리만큼을 매주 무리 없이 소화할 수 있다면 대회 당일 하루쯤은 조금 더 밀어붙여도 된다는 뜻이다.

■ '아직 멀었어요……'는 가장 흔한 착각이다

많은 초보 러너들이 자신을 과소평가한다.

"아직 10km도 못 뛰었는데……."

"하프 도전하려면 몇 년은 걸릴 것 같아요……."

하지만 나는 이렇게 말해주고 싶다, 지금도 충분히 러너라고.

1km를 뛴 당신도, 걸었다가 다시 뛰는 당신도, 계단을 피해 걷는 오늘의 무릎도 모두 러닝의 일부다. 거리는 천천히 늘어나기 마련이다. 하지만 조급함은 더 빨리 달려가는 대신 러닝의 재미를 훔쳐간다.

★ 러너임바의 한 줄 참견

"대회 거리는 마음으로는 자유롭게, 몸으로는 다섯 배 준비하고 나가자."

러닝 전에는 뭘 먹는 게 좋고, 물은 얼마나 마셔야 하나요?

러닝을 시작하면 슬슬 이런 고민이 따라온다.

'오늘은 아침 공복에 뛰었는데 속이 좀 울렁거렸어.'

'어제는 밥 먹고 30분 뒤에 뛰었더니 배가 너무 불렀어……'

그리고 뛴 후엔 또 이런 생각도 든다.

'물을 마셔야 하나 말아야 하나? 뛰면서도 마셔야 하나?'

몸은 열심히 움직이고 있는데, 이젠 음식과 수분까지 챙겨야 하니 러닝이 점점 과학처럼 어렵게만 느껴진다.

하지만 걱정하지 않아도 된다. 러닝 전에 뭘 먹고, 얼마나 마셔야 하는지에 대한 기본적인 원칙만 알고 있어도 이런 고민은 아주 간단히 해결된다.

■ 러닝 전에 뭘 먹을까? '시간'과 '소화'를 기준으로

러닝 전 식사의 핵심은 딱 두 가지다. 언제 먹는가, 그리고 얼마나 가볍게 먹는가.

운동 두세 시간 전에 식사한다면, 밥이나 파스타처럼 탄수화물이 풍부하고 부담 없는 식사를 해도 괜찮다. 이때 중요한 점은 지방이나 기름진 음식, 고단백 식사를 피하는 것. 그건 에너지원이 되기보다 소화에 더 많은 에너지를 빼앗아간다.

하지만 운동 전 식사가 한 시간 이내라면 바나나, 식빵 한 장, 에너지 젤, 간단한 스포츠 바 정도가 적당하다. 너무 든든하게 먹으면 뛰는 내내 배 속이 흔들리기 때문이다.

반대로 공복 러닝은 어떤가? 아침에 일어나자마자 뛰는 경우, '아무것도 안 먹고 그냥 나가도 되나?' 고민하게 된다. 사실 30~40분 정도의 가벼운 조깅이라면 공복에도 큰 문제는 없다. 단, 당 떨어지는 느낌이 오면 바로 멈추고 돌아오는 게 좋다. 가벼운 공복 러닝도 결국은 몸 상태를 먼저 체크해야 한다.

간단한 기준을 정해보자.

- 러닝 두세 시간 전 식사 → 평소 식사량의 70% 정도, 탄수화물 위주의 섭취
- 러닝 한 시간 전 → 바나나 1개, 식빵 1장, 에너지 바
- 공복 러닝 시 → 30분 이내, 강도는 '말할 수 있을 정도의 조깅'
- 배가 너무 든든하거나 너무 비어 있는 느낌이 들면 일단

'조금 걷기'로 시작

이런 간단한 기준이 있지만, 가장 중요한 건 '뛰기 편안한 상태인가?'다. 그리고 그건 음식 종류보다 내 감각이 더 정확하게 알려준다.

■ **수분 섭취, 뛰기 전보다 뛰는 '동안'이 더 중요하다?**

달리기 시작하면 생각보다 땀이 금방 난다. 특히 여름철이나 습한 날에는 5km만 뛰어도 옷이 흠뻑 젖는다. 그래서 초보자들도 자주 묻는다.

"러닝 전엔 물을 얼마나 마셔야 하죠?"

"뛰면서 마셔도 되나요?"

먼저 러닝 전 수분 섭취는 '갈증이 나기 전에 미리미리'가 원칙이다. 운동 한두 시간 전에는 한 컵(200~300ml) 정도, 운동 직전에는 입만 축이는 정도로 충분하다. 물론 뛰기 직전에 벌컥벌컥 마셨다간 5분 뒤 '화장실……'이라는 후회가 찾아온다.

러닝 도중엔 시간과 거리가 중요하다. 30분 이내의 짧은 조깅이라면 굳이 물을 챙기지 않아도 된다. 하지만 한 시간 이상 달리거나 날씨가 더운 날엔 작은 물통이나 러닝 벨트를 활용하여 조금씩 자주 마시는 게 좋다. 이때도 '많이'보다는 '자주 조금씩'이 더 중요하다. 입을 헹구듯 한두 모금씩, 갈증이 생기기 전에 먼저!

■ 러닝 후 수분 보충도 '루틴'처럼 만들자

러닝이 끝난 후엔 갈증이 안 나더라도 의식적으로 물을 조금씩 마시는 게 회복에 좋다.

운동 후 30분 이내에 물 1~2컵 정도, 간단한 이온 음료나 전해질 음료도 한 번씩 섞어주면 좋다. 특히 여름철 러닝 후에는 땀으로 나간 전해질을 조금 보충해주는 게 도움이 된다. 과한 음료보다는 미지근한 물＋약간의 소금기＋과일 한 조각이면 충분하다.

■ 무엇을 먹을지가 아니라, 얼마나 잘 알아채는지가 중요하다

러닝 전과 후의 식사나 수분 섭취는 사실 정답이 있는 건 아니다. 사람마다 위장 상태, 체온 반응, 땀의 양이 다르기 때문이다. 그러나 한 가지는 분명하다. 러닝은 내 몸을 관찰하는 운동이다. 내가 지금 배가 부른지, 목이 마른지, 숨이 찼는지, 오늘은 뭔가 이상한지. 그런 감각을 익히는 게 결국 러닝 실력이다. 그리고 그 감각은 조금 덜 먹고 뛰어본 날, 물을 놓치고 뛰어본 날, 조금씩 경험하면서 쌓여간다.

★ 러너임바의 한 줄 참견

"러닝 전에 뭘 먹을지는 중요하지 않다. 하지만 러닝 전에 내가 어떤 상태인지는 꼭 체크하자."

달리기에 적합한 몸무게는?

러닝을 시작하면 처음엔 이렇게 단순한 생각으로 달린다.

'기분이 좀 상쾌하네.'

'스트레스도 풀리는 것 같고.'

그러다 슬슬 욕심이 생긴다.

'근데 살도 좀 빠지면 좋지 않을까?'

그리고 2주쯤 지나면 체중계 위에 하루에도 두 번씩 올라가 본다.

"0.5kg 빠졌네!"

그다음 날 다시 올라가면 "어? 다시 원래대로네"하다가 결국 며칠 뒤에는 이렇게 결심하게 된다.

'그래, 뛰는 김에 몸무게도 확 줄여보자.'

■ 살이 빠지면 달리기 쉬워지는 건 맞지만……

체중이 줄어들면 달리기는 확실히 편해진다. 발에 실리는 하중이 줄고, 관절 부담도 덜하고, 무게를 덜 끌고 가니 속도도 조금씩 빨라진다. 실제로 엘리트 러너들 사이에서는 키와 몸무게가 매우 민감한 기준이기도 하다. 170cm에 50kg대 초반, 180cm에 60kg대 초반, 이런 비율을 유지하려고 애쓰는 선수가 많다. 하지만…… 우리는 킵초게가 아니다. 그리고 이 책을 쓰고 있는 나도 그렇다.

■ 나도 살이 잘 찌는 체질은 아니다

솔직히 말하자면 나는 체질적으로 살이 잘 찌는 편은 아니다. 그래서 달리기를 시작했을 때도 '살 빼려고 뛴다'는 의지는 크지 않았다. 그런데 주변에서 슬슬 물어온다.

"너 살 많이 빠졌지?"

"너 지금 몸무게 몇이야?"

"키 몇이지?"

이쯤 되면 마치 러너들 사이에서 키-몸무게는 기록 다음으로 중요한 정보처럼 느껴진다.

물론 어느 정도는 이해한다. 러너들의 몸무게는 실제 퍼포먼스에 영향을 주고, 서로 "몇 킬로그램일 때가 제일 잘 뛴다"는 얘기도 흔히 한다. 근데 문제는 이게 조금만 과해지면, 그때부터 재미가 없어지기 시작한다.

■ 어디까지 빠져야 좋은 걸까?

그럼 정말 질문으로 돌아가보자.

"몸무게는 얼마까지 빼는 게 좋을까요?"

정답은 없다. 그러나 기준은 있다. 몸이 잘 달리고, 잘 회복되는 상태. 이게 가장 좋은 몸무게다.

만약 러닝 후 쉽게 지치고, 근육통이 오래가고, 계단 오를 때 다리에 힘이 안 들어간다면 그건 '가벼운 몸'이 아니라 '약해진 몸'일 수 있다. 체중이 줄어들면서 동시에 근육량이 빠지고, 에너지 레벨이 떨어지고, 훈련 강도를 유지할 수 없다면 그건 '기록 향상'이 아니라 '퍼포먼스 손실'이다.

■ 러너들의 착각 중 하나: '조금 더 빼면 더 빨라질 거야'

이 착각은 정말 무섭다.

'지금도 괜찮은데, 2kg만 더 줄이면…….'

'다들 이 몸무게에서 최고 기록 나왔다고 했잖아.'

'먹는 걸 조금만 줄이면 괜찮겠지.'

이렇게 하다 보면 기록이 빨라지기는커녕 훈련량은 줄고, 다리는 더 무겁고, 무릎은 삐걱대고, 밥맛도 없고……. 결국 달리기 자체가 버거워지기 시작한다.

가벼운 몸은 좋지만, 에너지가 비축된 가벼움이어야 한다. 속이 비고, 근육이 빠지고, 체력이 줄어든 가벼움은 가짜다.

■ "먹는 거 신경 안 쓴다"는 말은 반만 맞다

물론 러너들은 대체로 잘 먹는다. 훈련량도 많고, 땀도 많이 흘리고, '먹고 싶은 거 먹어야 잘 뛴다'는 마인드도 널리 퍼져 있다. 하지만 정직하게 말하자면, 러너들은 사람들이 생각하는 것보다 체중에 신경 많이 쓴다.

표면적으로는 "난 체중에 연연하지 않아"라고 말하지만, 기록이 잘 안 나오는 날이면 자연스레 체중부터 확인하게 된다.

'요즘 밥을 너무 잘 먹었나?'

'과일 말고 아이스크림을 너무 자주 먹었나……?'

체중에 연연하지 않는 건 좋은 태도지만, 또 반대로 그걸 너무 무시하다 보면 '관심을 안 가지는 척하는 집착'이 되기도 한다.

■ 가장 좋은 몸무게는 '달릴 수 있는 몸'이다

러닝을 하면서 진짜 중요한 건 '지금 이 몸으로 얼마나 꾸준히, 기분 좋게 달릴 수 있느냐'다.

당신이 지금 즐겁게 뛰고 있고, 다치지 않고 있고, 러닝 후 피로가 심하지 않으며, 다음 날 다시 운동할 의욕이 생긴다면 딱 좋은 몸 상태다.

그리고 그게 2kg 빠진 뒤일 수도 있고, 지금 이대로일 수도 있다. 숫자는 힌트일 뿐, 정답은 아니다.

"몸무게는 빠질수록 좋은 게 아니라, 잘 달릴 수 있을 만큼이면 딱 좋다."

제4장

러너임바의 참견 한 스푼

러닝 루틴 만들기

달리기는 신발만 있으면 바로 시작할 수 있는 가장 단순한 운동이다. 그러나 막상 시작해보면 단순함 뒤에 숨어 있는 수많은 고민에 부딪히게 된다.

"오늘은 얼마나 뛸까?"

"얼마나 자주?"

"쉬는 날은 언제?"

하지만 정해진 답이 없어 막막해지기도 한다. 그래서인지 많은 사람들이 처음엔 기분에 따라 뛰다가, 어느 순간 리듬을 잃고 흐지부지된다.

그러나 루틴은 단순한 운동 습관을 넘어 삶의 흐름을 바꾸는 힘이 있다. 달리기를 꾸준히 한다는 건, 내 몸과 하루를 하나의 흐름에 맞게 정돈한다는 뜻이다. 그 리듬이 반복되면 성취감이 쌓이고, 어느 순간 '루틴'이라는 형태로 우리 안에 자리 잡는다.

■ 루틴은 몰입의 기술이다

루틴을 만든다는 건 단순히 계획표를 짜는 일이 아니다. 오늘 하루 5km를 뛰기로 마음먹었다면, 그건 단순히 거리의 문제가 아니라 하루의 리듬에 '러닝'이라는 축을 하나 심는다는 의미다.

밥 먹기 전이든, 일과가 끝난 저녁이든, 어디선가 '아 맞다, 오늘 달리기해야지'라는 생각이 들고 몸을 움직이게 된다면, 당신은 이미 루틴의 일부를 만들어낸 것이다.

루틴은 의무가 아니라 몰입이다. 내가 그 시간에 온전히 달리기에 집중하는 마음, 그 몰입이 쌓이면 달리기는 더 이상 노력의 결과물이 아니라 삶의 일부가 된다.

■ 루틴의 출발점은 마음이다

'이번 주엔 세 번은 꼭 뛰자', '다음 주엔 30km를 채우자' 같은 계획은 누구나 세운다. 하지만 계획을 밀고 나가는 힘은 마음에서 나온다. 달리기 루틴을 만든다는 건 "내가 진짜 하고 싶은가?"라는 질문에 "그래, 하고 싶다"라고 대답하는 것이다.

시간이 부족해도, 날씨가 궂어도, 피곤해도 '그래도 한번 나가보자'는 마음이 있다면, 이미 루틴은 시작된 것이다. 루틴의 출발점은 언제나 '하고 싶다'는 마음이다.

■ 루틴에 자연스럽게 빠지는 법

오랫동안 달리기를 해온 사람들도 루틴이 항상 즐거운 건 아니다. 오히려 자주 하는 말은 이거다.

"안 뛰면 뭔가 허전해요."

그렇다고 해서 러닝이 매일 반가운 손님처럼 찾아오는 건 아니다. 어떤 날은 신발 끈 묶으면서부터 "아, 귀찮다……"가 입에 붙고, 어떤 날은 "오늘 비 오지 않았나?" 하늘 한 번 쳐다보면서 마음속에 면제권을 꺼내고 싶을 때도 있다.

나도 그렇다. 한 달에 1,000km를 뛸 때도 있지만, 가끔은 1km 조차 뛰고 싶지 않은 날이 있다. 그럴 땐 스스로에게 물어본다.

"너, 오늘 안 뛰면 후회할 거지?"

그리고 그 대답이 '……좀 그럴지도'라고 고민스럽다면 그냥 나간다. 반면 '아니, 오늘은 진짜 못 뛴다!'고 확신이 서는 날은 아주 당당하게 쉰다. 루틴이란 건 이처럼 유연하게 흘러가야 오래 지속된다.

많은 사람들이 러닝 루틴을 만들겠다고 다짐하면서 이런 고민을 한다.

"매일 뛰어야 하나요?"

"일주일에 몇 번이 적딩힐까요?"

하지만 루틴은 숫자로 세는 게 아니다. 자꾸 반복되다 보면 익숙해지고, 익숙함은 루틴으로 바뀐다. 거창한 목표 없이 '오늘 하루 20분이라도 뛰어보자'고 마음먹고 실행하는 것, 그게 루틴을 만드는 첫걸음이다.

중요한 건 '오늘 뛰느냐 안 뛰느냐'가 아니라, 내가 달리는 시간에 나를 좀 더 알아가는지다.

'내가 뛰는 시간만큼은 딴생각 안 하겠다' 정도의 다짐이면 충분하다. 그렇게 하루가 쌓이고, 일주일이 반복되면서 나만의 러닝 루틴이 만들어진다.

그리고 재미있는 건, 어느 순간부터 달리기가 습관이 아니라 하루의 리듬이 되어 있다는 걸 느낄 때가 온다. 신발을 신기 전까지는 그렇게 귀찮다가도, 뛰고 돌아오면 '그래도 다녀오길 잘했네' 싶다. 그 기분 좋은 자책 섞인 만족감이 다음 날 또 나가게 만드는 연료가 된다.

사실 루틴에 빠지는 법이 따로 있는 게 아니다. 딱 한 번만 더 뛰어보는 거다. 그리고 그걸 조금씩 자주 반복하는 것. "오늘은 뛰고 싶지 않지만, 10분만 나가볼까?" 그 작은 시작이 만들어낸 반복이 결국 습관이 되고, 습관은 더 이상 '해야 할 일'이 아니라 그냥 하는 일이 된다.

■ 왜 루틴이 필요한가?

러닝은 반복의 운동이다. 10km를 한 번 뛰는 것보다 3km를 매일 달리는 사람이 더 빨리 발전하는 이유는 몸이 '한 번의 성과'보다 '일주일의 패턴'을 더 잘 기억하기 때문이다. 우리 몸은 특별한 날보다 반복되는 날을 기준 삼아 진짜 변화를 만들어낸다. 러닝은 성실함이 실력을 만든다.

물론 강도 높은 인터벌 훈련도 중요하고, 장거리 주말 러닝도 필요하다. 하지만 가장 큰 차이를 만드는 건 매일매일의 루틴이다. 그 루틴 안에서 반복된 자극이 심폐 지구력을 기르고, 페이스 감각을 익히고, 몸의 회복 속도와 근육 반응을 조금씩 바꿔준다.

나는 루틴의 힘을 누구보다 크게 느껴왔다. 내가 마라톤 기록을 줄일 수 있었던 가장 큰 이유는, '특별한 훈련'이 아니라 '특별할 것 없는 훈련'을 매일 성실히 했기 때문이다.

한 달에 1,000km를 뛴 적도 있었다. 그 숫자가 중요한 게 아니다. 하루하루 '뛰는 시간'을 내 삶의 한 부분처럼 받아들였을 때, 몸이 다르게 반응하기 시작했다. 전에는 막연히 '이 훈련을 하면 빨라지겠지'라고 생각했던 것들이, 루틴 안에서는 아주 구체적인 감각으로 다가왔다. 페이스를 조절하는 법, 힘든 날을 버티는 리듬, 회복을 기다리는 여유. 이 모든 것들이 루틴에서 얻은 능력이다.

루틴은 일상의 부담처럼 느껴질 때도 있지만, 한편으로는 그 루틴이 나를 움직이게 만드는 동력이 된다. 신기한 건, 루틴이 생기면 오히려 생각이 단순해진다. '오늘 뛸까 말까'를 고민하는 시간이 줄고, 그 시간에 뛰고 있는 나 자신을 더 자주 만나게 된다.

러닝을 잘하고 싶다면 루틴을 만들어야 한다. 그 루틴이 무너질까 걱정하기보다, 하루라도 더 반복할 수 있는 흐름을 찾는 것. 그게 러닝 실력의 출발선이다. 그리고 정말로, 기록은 어느 순간 조용히 따라온다.

★ **러너임바의 한 줄 참견**

"천 리 길도 한 걸음부터."

급격한 변화는 독이다

러너들 사이에서 자주 언급되는 불문율 중 하나가 바로 '10% 룰'이다. 한 주에 달린 총거리의 10% 이상을 다음 주에 무리해서 늘리지 말라는 이야기다. 예를 들어 이번 주에 30km를 뛰었다면, 다음 주는 33km 이내로 거리를 조절하는 것이다. "이번 주 50km 뛴 김에, 다음 주엔 70km 가자!"는 바로 다음 주에 정형외과 예약하는 지름길이다.

이 단순한 규칙은 생각보다 굉장히 강력하다. 한 주에 단 3km 차이가 누적되면 한 달에 12km, 세 달이면 36km. 마라톤 한 바퀴가 생긴다. 거리를 늘리는 건 생각보다 빨리 할 수 있지만, 몸이 따라오는 속도는 훨씬 느리다.

10% 룰의 핵심은 '적응의 시간'을 주라는 뜻이다. 우리 몸은

뼈, 근육, 인대, 심폐 기능 등이 제각각 다르게 회복되고 적응한다. 다리 근육은 '이 정도쯤이야' 하는데, 발바닥은 '나 아직 회복 안 됐는데……?' 하고 투덜거릴 수도 있다. 그래서 조용한 파업이 일어난다. 흔히 말하는 부상의 시작이다.

■ 현실적인 10% 룰 사용법

- 초보자일수록 더 철저히 지켜라: 5km → 10km로 한 번에 늘리면, 다음 주는 스트랩 대신 파스 붙이고 뛰게 될지도 모른다.
- 중급자라면 한 주쯤 유지하는 것도 괜찮다: 거리를 무조건 늘리는 게 능사는 아니다. 5주 차에 슬쩍 쉬었다 가는 6주 차, 오히려 그다음 주에 비약적인 성장이 온다.
- 컨디션 좋다고 15% 올리면?: 그건 2주 뒤 회복주를 강제 배정받는 행위다. 계획적인 성장도 좋지만, 욕심은 거리 대신 참아야 한다.

물론 10% 룰이 성경처럼 절대적으로 떠받들어야 할 사안은 아니다. 어떤 주는 회복이 중요해서 20% 줄이기도 하고, 어떤 주는 대회 준비로 15%쯤 늘리기도 한다. 중요한 건 '내 몸의 신호를 듣는 감각'이다.

러닝은 체력보다 감각이 먼저 발전한다. 루틴 안에서의 피로도, 무릎의 묵직함, 다음 날의 개운함. 이 모든 게 '이만큼 늘려도 되겠다'는 기준이 되어준다.

그러니까 10% 룰은 꼭 지켜야 할 법이 아니라 안내선이다. 우리는 코스를 달리는 사람이니까 선 넘지 말고, 선 안에서 제일 멋지게 뛰자.

■ 쉬는 날도 훈련이다

러닝 루틴을 만들 때 많은 사람들이 빠뜨리는 요소가 있다. 바로 '휴식'이다. 러닝은 훈련하는 동안 강해지는 게 아니라, 그 훈련을 회복하는 과정에서 진짜 실력이 쌓인다. 근육의 재생, 에너지 회복, 심장 적응 모두 쉬는 시간에 일어난다.

초보자는 하루 뛰고 하루 쉬는 패턴이 안정적이다. 주 3~4회 정도가 적당하다. 익숙해진 중급자는 주 5~6회까지 가능하지만, 이때는 반드시 회복 과정을 계획에 포함해야 한다. 완전 휴식일과 가벼운 걷기, 스트레칭 같은 능동적 회복일을 함께 설계하면 훨씬 오래갈 수 있다. 쉬는 날은 게으름이 아니라 전략이다. 잘 쉬는 사람만이 오래 달린다.

■ 주간 총거리는 얼마나?

많은 사람들이 이렇게 묻는다.

"일주일에 얼마나 뛰어야 하나요?"

정답은 없다. 하지만 가이드라인은 있다.

- 완전 초보자: 주 3회, 회당 5~7km → 주간 15~20km

- 10km 대회 준비: 주 40~50km
- 하프 마라톤 준비: 주 50~70km
- 풀 마라톤 목표: 주 70~100km 이상

하지만 절대 수치보다 더 중요한 건 '내가 그 거리를 어떻게 소화하느냐'다. 주간 40km를 뛰어도 항상 피곤하다면 무리하고 있는 거고, 70km를 뛰어도 몸이 가볍고 활력이 돈다면 그게 좋은 루틴이다.

■ 일주일 루틴 예시

루틴을 계획할 때 가장 실용적인 출발점은 일주일 단위 구성이다. 내가 주 3회를 뛸 수 있는지, 5회를 뛸 수 있는지, 혹은 매일도 가능할지에 따라 구성 방식은 완전히 달라진다. 아래는 러닝 경험치에 따라 나눌 수 있는 대표적인 세 가지 예시다.

주 3회 러닝 - 초보자 또는 바쁜 직장인

주 3회 러닝은 이제 막 러닝을 시작했거나, 시간이 넉넉지 않은 사람에게 가장 이상적인 루틴이다. 이 구성은 몸에 무리가 가지 않도록 회복일을 넉넉히 배치했고, 부담 없이 습관을 들이는 데 적합하다.

- 월요일: 휴식
- 화요일: 5km 조깅 - 말하면서 뛸 수 있을 정도의 속도로

편하게

- 수요일: 휴식

- 목요일: 6km 템포런 – 약간 힘들지만 유지할 수 있는 속도
로 도전

- 금요일: 휴식

- 토요일: 7~8km 롱런 – 거리 중심, 천천히 오래

- 일요일: 스트레칭 또는 가벼운 산책

이 구성은 주간 총거리 18~20km 내외로, 러닝이 생활 속 루틴으로 자리 잡는 데 효과적이다.

주 4~5회 러닝 – 러닝이 익숙해진 중급자

중급자는 일정 수준의 체력과 습관이 자리를 잡은 단계다. 이 루틴은 다양한 강도와 자극을 포함해 러닝 실력을 한 단계 더 끌어올릴 수 있도록 설계되어 있다.

- 월요일: 휴식

- 화요일: 템포런 또는 인터벌 6~8km – 실질적인 자극이
들어가는 날

- 수요일: 회복주 5~6km – 아주 천천히, 몸 푸는 느낌으로

- 목요일: 휴식 또는 4km 조깅 – 피로 상태에 따라 조정 가능

- 금요일: 언덕 훈련 또는 템포런 – 짧지만 강한 자극을 주
는 날

- 토요일: 10km 중거리주 - 페이스 감각을 익히기에 좋음
- 일요일: 12~16km LSD - 느리고 긴 거리, 가장 중요한 주 말 주자

이 루틴은 주간 거리 40~60km 사이에서 조절 가능하며, 대회 준비 전 단계로도 안성맞춤이다.

주 6~7회 러닝 - 고강도 루틴, 대회 준비용

주 6회 이상 달리는 루틴은 상당한 체력과 회복 능력, 시간의 여유가 필요하다. 매일 뛰는 만큼 다양한 자극 분배와 피로 관리가 핵심이다.

- 월~일 모두 달릴 수 있으나, '회복주', '페이스주', '인터벌', '롱런'을 균형 있게 배치해야 한다.
- 일반적인 분배의 예: 인터벌 → 회복주 → 템포런 → 회복주 → 언덕주 → 중거리 → LSD

이 루틴은 총거리 80~100km 이상을 커버하는 경우도 있다. 이 단계에선 일주일을 넘어 한 달 단위로도 루틴을 설계하며, 주기적 회복 주간(3주 훈련+1주 회복)을 계획하는 것이 좋다.

★러너임바의 한 줄 참견

"급할수록 천천히."

흔히 하는 실수와 현명한 계획 짜기

루틴을 짜는 건 의외로 어렵지 않다. 문제는 그 루틴을 '어떻게 유지하느냐'다. 많은 러너들이 의욕에 넘쳐 루틴을 짜지만, 며칠 지나지 않아 포기하는 데에는 공통적인 실수들이 숨어 있다.

첫째, 거창하게 시작하려 한다. 1주 차부터 주 50km를 목표로 하거나, 하루 10km씩 일주일 내내 뛰겠다는 계획은 대부분 실패한다. 특히 이전에 달리기를 해본 경험이 거의 없는 사람에게 무리한 루틴은 부상의 지름길이 될 뿐이다.

처음에는 '이 정도면 좀 부족하지 않나?' 싶을 만큼 소박한 계획이 오히려 꾸준함을 만든다. 루틴은 욕심보다 '지속 가능한 현실'을 중심에 둬야 한다.

둘째, 다양한 자극을 주지 않는다. 루틴을 짤 때 가장 쉬운 방식은 '매일 5km' 같은 고정 루틴이다. 초반엔 꾸준히 지킬 수 있지만, 시간이 지나면 자극도 흥미도 떨어진다. 사람의 몸은 다양한 자극에 반응한다. 조깅, 템포런, 인터벌, 언덕 훈련 등을 섞어야 근력과 지구력, 심폐 기능이 골고루 향상된다.

그리고 반복되는 코스만 달리는 것도 지루함을 부른다. 일주일에 한두 번은 다른 코스에서 달리는 것도 좋은 자극이 된다.

셋째, 회복을 무시한다. 많은 러너들이 "하루라도 안 뛰면 안 될 것 같아서"라는 이유로 매일 뛰려고 한다. 하지만 진짜 잘 뛰는 러너는 회복을 루틴의 일부로 여긴다. 달리기는 훈련할 때가 아니라 회복할 때 실력이 쌓인다. 근육의 재생, 심장과 폐의 적응, 에너지 회복은 모두 쉬는 날 일어난다.

쉬는 날은 게으름이 아니라 전략이다. '무조건 매일'이 아니라 '전략적으로 쉬면서' 매일 뛸 수 있는 몸을 만드는 게 진짜 루틴이다.

넷째, 그대로 베낀다. 인터넷이나 유튜브, SNS에는 수많은 러닝 루틴으로 가득하다. '이 선수가 쓰는 루틴이래요', '이 코치가 짠 루틴이래요' 같은 정보들이 말 그대로 쏟아진다. 하지만 그 루틴이 '나에게 맞는가?'는 전혀 다른 문제다.

루틴은 내 체력, 내 일정, 내 몸 상태, 내 성향에 맞춰 조정되어야 한다. 남이 입던 옷이 내게도 맞으리란 보장은 없다. 루틴은 따라 하는 게 아니라 만들어가는 것이다.

다섯째, 계획과 실행 사이의 간극을 간과한다. 달력에는

'10km 인터벌'이라 써놨지만, 정작 당일 퇴근이 늦어지고 피로가 누적되면 실행은커녕 러닝화도 못 신게 된다. 이 괴리감이 반복되면 자기 효능감이 떨어지고, 루틴 전체가 무너질 수 있다.

현실적인 루틴은 계획과 실행 사이의 거리감이 짧다. '할 수 있는 수준'으로 설계하고, 일정 변경도 유연하게 받아들이는 태도가 필요하다.

루틴은 나를 단련하는 구조이자, 나를 지키는 장치다. 단지 잘 달리는 것뿐 아니라, 꾸준히 달릴 수 있도록 나를 이끌어주는 프레임이다. 앞에 말한 실수들을 피하고, 나만의 루틴을 조금씩 정비해나간다면, 어느 순간 달리기가 내 삶의 중심이 되어 있을 것이다.

■ 그렇다면 현명한 계획은?

모든 사람에게 딱 들어맞는 러닝 루틴은 없다. 대신 나에게 맞는 루틴을 찾기 위해 고려해야 할 세 가지 기준이 있다. 바로 강도, 빈도, 거리다.

- 강도: 힘든 날과 쉬운 날의 균형을 맞춰야 한다. 강도 높은 훈련(인터벌, 템포런 등)은 일주일에 한두 번이면 충분하다. 나머지는 회복주나 조깅으로 채워야 한다.
- 빈도: 주 몇 회가 적당한지는 자신의 일상과 체력 상태를 기준으로 정한다. 직장인의 경우 주 3회, 러닝을 중심으로 생활할 수 있다면 주 6회도 가능하다.

- 거리: 늘리는 데 급급해하지 말고, 현재 편하게 달릴 수 있는 거리에서 1km 정도 모자라는 수준에서 시작하는 게 좋다. 그 거리에서 익숙해진 다음에 서서히 늘리는 것이 핵심이다.

이 세 가지는 독립적인 요소가 아니라 서로 유기적으로 연결되어 있다. 강도가 높으면 빈도나 거리를 줄여야 하고, 빈도가 많아지면 강도는 그만큼 낮아져야 한다. 전체 러닝 볼륨의 균형을 맞춰야 루틴이 오래간다.

그리고 무엇보다 중요한 건 이 루틴이 나의 일상과 잘 어울리는가다. 평일에 출근 전 30분이 최선이라면 그 시간에 맞는 루틴이 최고다. 루틴은 남이 보기에 멋진 스케줄이 아니라, 내가 가장 오래 지킬 수 있는 패턴이어야 한다.

루틴은 신발처럼 딱 맞아야 한다. 신발은 조금만 불편해도 오래 신을 수 없듯, 루틴도 내 리듬에 맞지 않으면 오래가지 못한다. 불편하지 않은 강도, 지치지 않는 거리, 무리 없는 빈도를 찾아가는 과정이 곧 루틴 설계의 전부다.

■ **루틴이 지겨워질 때**

모든 루틴은 반복되고, 반복은 언제나 권태를 부른다. 익숙해진다는 건 한편으론 지루해진다는 뜻이기도 하다. 아무리 달리기를 좋아하는 사람도 어느 순간 '아, 또 뛰어야 하네'라는 마음이 드는 시점이 있다.

그럴 땐 창의력을 발휘해야 한다. 늘 다니던 코스를 바꾸거나, 음악이나 팟캐스트를 들으며 뛸 수도 있다. 가끔은 목표 자체를 바꿔보자. 거리 대신 시간으로, 속도 대신 기분으로. 혹은 그냥 걷기만 하는 하루도 괜찮다.

또 하나의 팁은 함께 뛰는 사람을 만드는 것이다. 누군가와 약속을 잡고 같이 뛰는 것만으로도 지루함은 확 줄어든다. 가끔은 새로운 대회를 목표로 잡아 루틴의 리듬을 재구성해보는 것도 도움이 된다.

지겨움은 나약함이 아니라 성장 중이라는 신호일 수 있다. 지겹다는 건 내가 지금 충분히 열심히 달려왔다는 증거이기도 하다. 이럴 땐 잠깐 루틴을 느슨하게 풀어줘도 괜찮다. 중요한 건 다시 돌아올 수 있는 흐름을 잃지 않는 것이다.

■ 루틴을 못 지켜서 스트레스 받을 때

"계획표에 써놨던 15km를 못 뛰었다고? 그래도 세상이 무너진 건 아니잖아."

러너에게 루틴은 두 가지 얼굴을 가지고 있다. 나를 성장시키는 원동력이기도 하지만, 때로는 나를 조이는 족쇄처럼 느껴지기도 한다.

특히 성실한 사람일수록 정해둔 루틴을 어기면 '스스로와의 약속을 지키지 못했다'는 자책에 빠지기 쉽다. 그러나 생각해보면 루틴은 약속이지, 계약이 아니다. 하루이틀 지키지 못했다고 계약 위반으로 페널티가 떨어지는 건 아니다.

러닝은 원래 유연한 운동이다. 컨디션에 따라 줄이기도 하고, 상황에 따라 늘리기도 해야 한다. 그런데 많은 러너들이 루틴을 숫자처럼 생각한다.

"오늘 18km 못 뛰었으니 실패."

"이틀 연속 쉬었으니 망했다."

하지만 오히려 잘 쉰 날도, 루틴의 일부일 수 있다.

그렇다고 '그냥 아무렇게나 뛰면 되겠네?' 이런 건 아니다.

핵심은 루틴을 융통성 있게 적용하는 것이다. 러닝을 오래 하고 싶다면, 일정표를 신성한 계율처럼 대하지 말라. 오늘 못 뛴 거리, 다음 날 메우지 않아도 괜찮다. 일주일 단위로 보면 우리는 늘 무언가를 해내고 있으니까.

루틴이 조금 흔들렸다고 해서 당신의 실력이 사라지는 건 아니다. 매일 똑같이 운동할 수 있는 사람은 없다. 심지어 엘리트 선수들도 일정이 틀어지기도 한다. 중요한 건 스스로에게 관대해지는 법을 배우는 것이다. 하루 못 뛴 걸로 세상 끝난 것처럼 굴지 말고, 그날은 그냥 '그럴 수 있는 날'로 넘어가도 된다.

오히려 루틴을 완벽히 지키려고 애쓰는 태도 때문에 탈진이 시작된다. 루틴은 반복이 아니라 지속을 위한 도구다. 스트레스를 받으면서까지 억지로 끼워 맞추면, 러닝은 어느새 해야할 일이 되고 만다. 그 순간, 운동은 나를 살리는 게 아니라 나를 갉아먹는 존재가 된다.

그러니 오늘 당신이 못 뛰었다 해도, 그냥 내일 다시 달리면 된다. 일주일에 여섯 번 뛰기로 했는데 네 번밖에 못 뛰었다면, 그래도 네 번은 뛴 거다. 0과 1은 분명 다르다. 4는 더더욱 대단한 숫자다. 무엇보다 당신은 러닝화를 신었고, 달릴 생각을 했고, 오늘도 러닝과 관련된 글을 읽고 있잖은가.

러닝 루틴은 달력에 적힌 숫자보다 마음속에 새겨진 의지에 더 가깝다. 몸이 피곤하면 쉬고, 마음이 지치면 속도를 늦추고, 다시 달리고 싶을 때 가볍게 나가면 된다. 그게 꾸준함이다. 꾸준함은 완벽함이 아니라, 계속 돌아오는 능력이다.

★ **러너임바의 한 줄 참견**

"루틴은 숫자가 아니라 리듬이다."

조깅만으로는 빨라질 수 없다

러닝은 단순히 '많이 뛰면 실력이 는다'는 공식으로 설명되던 시대를 이미 지나왔다. 예전의 러닝이 '의지와 반복'이라는 두 단어로 요약되었다면, 지금의 러닝은 분명히 더 과학적이고 치밀하게 진화했다. 신체가 받아들이는 자극의 종류는 생각보다 다양하며, 하나의 자극만 반복한다고 해서 몸 전체의 능력이 균형 있게 발전하는 것도 아니다. 마치 운동이라는 한 가지 언어만으로는 표현할 수 없는 감정이 있듯, 달리기에도 여러 언어가 필요하다. 속도를 위한 언어, 지구력을 위한 언어, 근력을 위한 언어. 이 언어들이 서로 다른 날에, 서로 다른 방식으로 당신의 몸에 말을 걸어올 때 비로소 러닝은 더 깊어지고, 더 단단해지며, 더 오래 지속되는 삶의 리듬으로 자리 잡는다.

러너들이 주로 사용하는 다양한 훈련법을 크게 세 가지 축으로 나눠 설명하고자 한다. 속도 자극 중심 훈련, 지구력 강화 훈련 그리고 근력·효율성 강화 훈련. 이 세 가지는 단순히 '훈련의 종류'라는 수준을 넘어, 러닝이라는 거대한 세계에서 서로를 보완하고 러너의 능력을 전방위로 확장해주는 기둥이다. 훈련 계획을 세울 때 이 세 가지 중 어디에 무게를 두느냐에 따라 전혀 다른 러닝 인생이 펼쳐진다.

■ 속도 자극 중심 훈련 – 한계를 뛰어넘는 스피드의 언어

속도 훈련은 몸을 짧고 강하게 몰아붙이는 과정이다. 짧은 시간에 심장은 빠르게 뛰고, 호흡은 거칠어지고, 다리는 어느 순간 금속처럼 묵직해진다. 하지만 그 강도 안에서 몸은 자신도 모르게 적응하고 성장한다. 평소에는 닿지 않는 고강도 영역을 반복적으로 '찍고' 올라가야 비로소 더 빠른 페이스가 편안해지고, 레이스 후반에 버틸 수 있는 힘이 생긴다.

인터벌 트레이닝(Interval Training)

인터벌은 '고강도-회복-고강도-회복'을 반복하는 훈련이다. 대표적인 예로 1km를 레이스 페이스보다 빠르게 달린 뒤 400m를 조깅하며 호흡을 돌리고, 다시 1km를 반복하는 방식이다. 이 과정에서 심장은 더 높은 수준의 산소 섭취를 요구받는데, 반복할 때마다 심폐 능력이 조금씩 확장된다.

- 효과: VO$_2$ Max(최대 산소 섭취량) 상승, 심폐 지구력 강화, 레이스 후반 버티기 능력 향상.
- 예시: 1km×5~8회/회복 조깅 400m.

이 훈련을 잘하면 '빨리 뛰는 게 덜 무섭다'. 실제로 많은 러너들이 인터벌을 꾸준히 했을 때 마라톤 페이스가 훨씬 안정적으로 느껴진다고 말한다. 익숙해진 고강도가 레이스에서는 '중간 정도의 강도'로 느껴지기 때문이다.

레피티션 트레이닝(Repetition Training)

레피티션은 인터벌보다 더 짧고 더 빠르게 달린 뒤, 회복 시간을 여유 있게 가져간다. 이 훈련의 목적은 '스피드 자체의 정교함'이다. 스프린트 동작이 깔끔해지고, 착지와 추진력의 효율이 좋아지며, 달리는 기술이 교정된다.

- 효과: 주법 교정, 보폭 확장, 신경근 반응 속도 향상.
- 예시: 400m×6~10회/회복 3~5분.

레피티션은 '신체가 빠른 페이스에 감각적으로 익숙해지는 훈련'이다. 조깅으로만 달리던 러너에게는 없던 '날카로운 반응성'을 키워준다.

변속주(Progressive Run/Negative Split)

변속주는 한 번의 러닝 안에서 천천히 시작해 점점 속도를 올리는 방식이다. 단순히 빨라지는 것이 아니라, 페이스 변화에 적응하는 능력을 길러준다.

- 효과: 레이스 후반 페이스 유지력 향상, 체력 배분 능력 강화.
- 예시: 10km(1~3km 여유/4~7km 중간/8~10km 빠르게).

변속주는 특히 마라톤 후반 30km 이후의 '무너지는 구간'을 대비하기에 좋다. 몸이 천천히 가열되면서 효율이 올라가는 패턴이 실제 레이스와 닮아 있다.

파틀렉(Fartlek)

이름 그대로 '속도의 놀이'다. 규칙 없이 자유롭게 빠르게 뛰었다가 느리게 뛰는 방식이다.

- 효과: 페이스 전환 능력 향상, 지루함 감소, 레이스 감각의 자연스러운 향상.
- 예시: 신호등까지 전력 → 다음 표지판까지 조깅 반복.

파틀렉은 규칙이 없어 자유롭고, 심리적으로 부담이 적다. GPS를 끄고 그냥 감각만으로 달려도 된다. '러닝이 놀이처럼 느껴지는 순간'을 만들고 싶을 때 가장 좋은 훈련이다.

야소 800(Yasso 800)

마라톤 예상 기록과 연관성이 있다고 알려져 유명해진 훈련. 800m를 목표 기록의 '분' 페이스로 달리고, 회복 시간을 동일하게 해준다.

- 효과: 속도 기반 지구력 상승, 목표 페이스 감각 강화.

• 예시: 800m×6~10회/회복 동일 시간.

예를 들어 마라톤 세 시간 목표라면 800m를 3분에 끊어야 하고 회복도 3분이다. 단순하지만 고강도여서 많은 러너들이 힘들어하는 훈련이다.

■ 지구력 강화 훈련 – 느림과 길이가 만들어내는 강함의 언어

속도 훈련이 '불꽃'이라면, 지구력 훈련은 '불씨'다. 화려하진 않아도, 달리기의 기반을 가장 묵묵하게 만들어주는 훈련들이다. 특히 마라톤이라는 긴 여정을 준비하는 데 지구력은 절대 빠질 수 없는 핵심 훈련이다. 빨리 달릴 수 있는 사람은 많지만, 오래 달릴 수 있는 사람은 꾸준함을 유지할 수 있는 사람뿐이다.

LSD(Long Slow Distance)

LSD는 달리기의 기초 체력을 쌓는 작업이다. 느리게, 오래, 꾸준히 달리는 기본기 훈련.

• 효과: 지방 연소 능력, 지구근 강화, 에너지 효율 향상.
• 예시: 20~30km 주 1회, 레이스 페이스보다는 60~90초 느리게.

많은 러너들이 오해하는 것 중 하나가 'LSD는 가볍다'라는 생각이다. 하지만 두세 시간 지속되는 훈련은 심리적으로도 견디기 쉽지 않은 데다, 체력적으로도 상당히 부담이 있다. 그럼에도 이 훈련이 중요한 이유는 '마라톤의 핵심 에너지 시스템'

을 가장 직접적으로 강화하기 때문이다.

지속주(Steady State Run)

지속주는 레이스보다 조금 느린 속도로 일정하게 밀고 가는 훈련이다. 페이스 유지력을 강화하는 데 탁월하다.
- 효과: 중간 강도의 지속 능력 상승, 체력 유지.
- 예시: 마라톤 페이스+15초/km로 10~16km.

지속주는 달리는 동안 호흡이 조금 빠르지만 '참을 수 있는 불편함' 정도다. 그래서 이 훈련은 레이스 후반에 페이스 안정화를 돕는 핵심 루틴이 된다.

거리주/시간주

둘은 비슷해 보이지만, 접근 방식이 다르다.
- 거리주: '10km'처럼 거리 목표 중심.
- 시간주: '60분'처럼 시간 중심.

거리주는 루틴 관리에 좋고, 시간주는 컨디션에 따라 탄력적으로 조절할 수 있어 회복주에서 자주 쓰인다.

■ 근력 및 효율성 강화 훈련 – 추진력과 안정성의 언어

달리기는 하체 근력만으로 되는 운동이 아니다. 착지의 안정성, 지면 반력, 발목의 탄성, 엉덩이의 추진력까지 전부 결합된 결과물이 러닝의 효율이다. 따라서 근력과 효율성을 단련하는 훈련은 장거리 러너에게 필수적이다.

언덕 훈련(Hill Repeats)

언덕은 자연이 선물한 '저항 장치'다. 평지를 다닐 때 쓰지 않는 근육까지 동원되며, 추진력이 강해진다.

- 효과: 근파워 강화, 반응 속도 상승, 페이스 전환 능력 향상.
- 예시: 150~200m 언덕×6~10회.

언덕 훈련을 반복하다 보면 처음에는 허벅지가 불타는 느낌이 들지만, 몇 주만 지속해도 평지에서 탄성이 좋아지고 발이 가볍다. 많은 엘리트 선수들이 시즌 초반 언덕에 집중하는 것도 이 때문이다.

크로스 트레이닝(Cross Training)

달리기만 반복하면 특정 근육군에 자극이 집중되고, 몸이 한 방향으로만 굳는다. 사이클, 수영, 계단 등은 러닝 근육을 보완하며 부상을 예방할 수 있다.

- 효과: 근육 균형, 회복 촉진, 부상 예방.
- 적절한 시기: 회복주, 완전 휴식일 대체.

특히 사이클은 무릎 관절에 부담이 적으면서도 심폐 지구력을 유지해주기 때문에 달리기 부상 중에도 활용하기 좋다.

★ **러너임바의 한 줄 참견**

"훈련법을 알면 달리기가 다채로워진다."

기록이 안 나올 때 마음 관리법

열심히 훈련했는데, 정작 대회 당일에 기록이 안 나오면 당황스럽고 허탈하다. '이 정도면 괜찮을 거야' 했는데, 시계를 본 순간, 심장이 한 번 더 멈춘다. 그 기분, 나도 잘 안다. 생각보다 많다. '이번엔 될 줄 알았는데……'로 시작된 날들이.

　나도 그런 날을 숱하게 겪었다. 훈련은 차곡차곡 쌓였고, 컨디션도 나쁘지 않았는데, 공교롭게 레이스 날에는 몸이 안 풀리거나, 생각보다 심박수가 너무 높게 나오기도 했다. 또 어떤 날은 평소보다 10초 빠르게만 가자고 했던 페이스가, 막상 달려서 10km쯤 지나니 갑자기 '내가 왜 이러고 있지?'로 바뀌기도 했다. 기록이 안 나왔다는 걸 받아들이는 데 시간이 필요했고, 잠깐은 '이제 더는 못 올라가는 거 아닐까?' 싶었다.

하지만 그렇게까지 무너질 일은 아니다. 러닝은 숫자보다 흐름이 중요한 운동이기 때문이다. 기록은 날씨, 코스, 몸 상태, 전날의 잠, 심지어는 아침에 뭘 먹었느냐까지 영향을 준다. 그런데 우리는 그날의 기록 하나로 모든 걸 판단한다. 마치 한 장의 셀카로 그날 하루 기분을 정의하듯이. 하지만 셀카도 1,000장 찍어야 한 장 건진다.

러닝도 마찬가지다. 하루의 결과는 전체 실력의 극히 일부일 뿐이다. 그날 기록이 안 나왔더라도, 그날까지 달려온 모든 훈련은 사라지지 않는다. 익숙해진 페이스 감각, 몸에 익은 리듬, 쌓인 체력은 조용히 몸 어딘가에 남아 있다. 내일도 달릴 힘이 남아 있다면, 당신은 여전히 러너다. 여전히 성장하는 중이다.

가끔은 이런 생각이 든다.

'나 이제 더는 못 오르나?'

근데 이런 고민이 든다는 것 자체가, 이미 꽤 많이 올라왔다는 증거다. 정체는 성장의 문턱이다. 씨앗이 발아하기 전엔 아무 변화가 없어 보이듯, 러닝도 가끔은 조용히 쌓여야 '폭발적인 변화'가 찾아온다.

팁 하나.

기록이 정체되면 루틴에 살짝 변화를 줘보자. 템포런을 줄이고 변속주를 넣는다거나, 훈련 장소를 바꾸는 것도 생각보다 큰 자극이 된다. 아예 한 주는 훈련 계획을 짜지 않는 주로 만들어도 좋다. 체력은 조용히 쌓인다. 조용한 시기를 견디는 사람이,

다음 성장을 맞이한다.

마음 관리는 생각보다 간단하다. 시계를 덜 보는 것. 그리고 훈련을 미완성한 날의 자신도 받아들이는 것. 러너는 기계가 아니다. 매번 100점을 찍는 사람은 없고, 그럴 필요도 없다. 80점 짜리 달리기, 60점짜리 훈련도 계속해서 쌓이다 보면 결국엔 서 브3라는 100점을 만들게 된다. 단, 그때까지 계속 달리기만 하면 된다.

러닝은 결국 자기 자신과의 대화다. 오늘은 속삭이고, 내일은 투덜대고, 모레는 박수 쳐주면 된다. 너무 심각하게 굴 필요 없다. 어차피 우리는 취미로 세계 신기록 세우는 사람들이 아니니까. 지금은 조금 느려도 괜찮다. 우리는 계속 가고 있으니까.

★ 러너임바의 한 줄 참견

"기록은 나무가 아니라 계절이다. 지금은 떨어지는 중이라도, 곧 새잎이 날 테니까."

부상을 반복하는 사람들의 특징

부상도 실력이다. 이 말 들으면 기분이 좀 나쁠 수 있지만, 사실이다. 부상은 어느 날 갑자기 하늘에서 뚝 떨어지지 않는다. 대개는 몸이 이미 여러 차례 신호를 보냈는데, 그걸 무시하거나 알아채지 못한 결과로 터진다. 그리고 그 '무시'가 반복될수록, 같은 부상을 또 겪게 되는 거다. 이쯤 되면 부상은 단순한 불운이 아니라 습관이다. 부상을 반복하는 사람들의 공통점은 객관적으로 바라보지 못한다는 것이다.

러너들에게 가장 무서운 건 '고통'이 아니라 '중단'이다. 그래서 많은 사람들이 아픈 걸 알면서도 그냥 뛴다. 문제는, 그렇게 뛴 결과가 대부분 더 오래 못 뛰게 되는 것이라는 사실이다.

■ 첫 번째, 아프다는 걸 인정하지 않는다

"이 정도는 원래 아픈 거야."

"러너의 무릎은 늘 시큰하지."

"발목이 좀 불편한 건 기분 탓이겠지?"

이런 식으로 자기 몸에 대한 부정을 시작하면, 부상은 이미 '예정된 결과'로 달려가고 있는 중이다. 문제는, 그 통증이 회복 가능한 피로가 아니라 누적된 손상일 수 있다는 점이다.

초기에 멈췄으면 2~3일 푹 쉬는 것으로 해결될 일을 "좀만 더……" 하고 밀어붙이다가 결국 병원 접수 창구 앞에서 "처음엔 그냥 뻐근했는데요……"라고 말하게 된다. 부상은 갑자기 찾아오는 것 같지만, 사실은 우리가 매일 무시했던 사소한 신호들의 종합판이다.

■ 두 번째, 휴식에 죄책감을 느낀다

달리기를 쉬면 괜히 하루가 헛된 것 같다. 계획표에 × 하나만 생겨도 자책감이 몰려온다. '내가 또 나약해졌군……' 같은 거창한 자기반성이 시작되고, 결국 다음 날 무리해서 뛰고, 그 무리로 또 회복이 느려지고, 악순환의 고리가 시작된다.

아이러니하게도 그런 죄책감이 부상을 만든다. 달리기는 무게중심의 싸움인데, 몸의 중심이 아니라 마음의 균형이 무너지기 시작한 거다.

피곤한 날에는 쉬어야 한다. 그런데도 '버틴다'는 생각으로 몸을 밀어붙이면, 언젠가는 몸이 먼저 파업한다. 그리고 그 파업은…… 늘 예상보다 길다. 진짜 파업처럼 말이다.

■ 세 번째, 스트레칭과 보강 운동을 소홀히 한다

이건 고백이지만, 나도 예전엔 '달리기 전에 5분만 하자……'에서 '오늘은 괜찮겠지!' 루틴이었다. 러닝화 끈은 꼼꼼하게 묶으면서, 내 근육과 인대는 늘 무방비 상태로 내몰렸다.

근데 그거 아는가. 스트레칭을 안 하면 달리는 중간부터 '아까 5분 할 걸……' 하는 후회가 몸에 하나씩 나타난다. 종아리, 햄스트링, 발바닥, 허리…… 줄줄이 시위다. 스트레칭은 선택이 아니다. 훈련의 일부이고, 부상을 피하는 최소한의 보험이다. 10분 투자해서 한 달을 지킬 수 있다면, 그건 꽤 괜찮은 투자다.

■ 네 번째, 자기 몸을 과대평가한다

예전에 4:00/km로 10km 뛰었다고, 오늘도 당연히 그 정도는 뛸 수 있을 거라고 믿는다. 3년 전 기록, 5kg 전 체중 기준, 심지어 그때 신었던 러닝화 기준으로 페이스를 짠다.

하지만 몸은 변한다. 근육도 나이 들고, 체력도 오르락내리락하고, 심지어는 전날 먹은 라면도 영향을 준다. 몸은 매일매일 다르다. 그런데 우리는 그 '다른 몸'에 똑같은 기준을 들이댄다. 결과는?

어제의 나는 오늘의 나에게 부상으로 응답한다.

그럼 어떻게 해야 하냐고?

간단하다. 몸이 보내는 사소한 신호에 귀 기울일 것. 스트레칭, 보강 운동을 일과처럼 챙길 것. 그리고 쉬는 날을 '하루 날렸다'고 자책하는 대신, '내일을 위한 투자'로 생각할 것. 이 세 가지만 지켜도 같은 부상은 반복하지 않는다. 부상은 게으른 사람에게 오지 않는다. 오히려 성실한 러너일수록 더 많이 겪는다. 왜냐하면 그들은 참고, 밀어붙이고, 놓지 않기 때문이다. 그래서 더욱 잘 쉬는 법을 배워야 한다. 꾸준함은 열정이 아니라 '휴식의 지혜'에서 나온다.

★ **러너임바의 한 줄 참견**

"몸이 내는 소리를 무시하면, 결국 소리 대신 통증으로 말한다."

훈련만 하면 지치는 사람에게

러닝은 건강해지려고 시작한 운동이다. 그런데 하면 할수록 피곤하고 지친다면? 그건 분명 무언가 잘못 돌아가고 있다는 신호다.

훈련을 할수록 활력이 생기는 게 아니라 기운이 빠지고, 운동이라는 단어 자체가 점점 부담스럽게 느껴진다면, 당신은 지금 '몸을 지치게 만드는 훈련'과 연애 중이다.

러너가 훈련을 멈추는 이유는 크게 두 가지다. 하나는 '부상', 다른 하나는 '지치는 것'이다. 그런데 대부분은 후자를 먼저 경험한다. 몸은 멀쩡한데, 마음이 먼저 도망치고 싶은 거다.

▪ 훈련 전 체크리스트 세 가지

1. 너무 많은 양을 소화하려 한 건 아닌지.
2. 너무 빠른 속도로 늘리려고 하진 않았는지.
3. 몸보다 마음이 먼저 번아웃된 건 아닌지.

이 셋 중 하나라도 해당된다면 당신은 지금 지칠 만한 조건을 스스로 만들어가고 있는 중이다.

대부분의 러너는 "내가 게으른 게 아닐까?" 하고 자책한다. 하지만 문제는 '열심히'의 방향이다. 운동량이 많아지는 건 좋은 일이지만 내 몸이 감당할 수 있는 수준을 넘어서면, 그건 성장이 아니라 손상이다. 지친다는 건 내 몸이 보내는 가장 확실한 피드백인데, 우리는 그걸 '의지 부족'으로 오해하고 더욱더 몰아붙인다.

▪ 최고의 선수들도 '휴식'을 훈련의 일부로 본다

2008년 베이징 올림픽 마라톤 금메달리스트 사무엘 완지루 (Samuel Wanjiru)는 폭발적인 스피드와 공격적인 레이스 운영으로 기억되지만, 그의 훈련을 조금만 들여다보면 전혀 다른 장면이 보인다. 알려진 훈련 기록과 인터뷰 자료를 종합해보면, 완지루의 훈련 일정에는 '강한 날'만큼이나 자주 등장하는 단어가 있다. 바로 'easy day', 즉 쉬운 날이다.

완지루는 고강도 훈련을 연속으로 밀어붙이는 방식이 아니라, 강한 훈련 뒤에는 반드시 강도를 낮춘 러닝이나 가벼운 조 깅을 배치했다. 실제로 공개된 훈련 일정에는 일정 간격으로 'easy day'가 반복적으로 등장하고, 이날들은 기록이나 페이스를 의식하기보다는 몸을 회복시키는 데 초점이 맞춰져 있다. 빠르게 달리는 날이 있었다면, 다음 날은 일부러 느리게 달리면서 몸의 리듬을 되돌리는 식이다. 이는 회복을 훈련의 결과가 아니라, 훈련을 가능하게 만드는 조건으로 다뤘다는 의미다.

완지루는 때로 아예 달리지 않는 날도 훈련 일정에 넣었다고 알려져 있다. 쉬는 날을 두는 것 역시 훈련의 일부라는 인식이었다. 이는 '엘리트 선수는 매일 강하게 훈련한다'는 흔한 오해와는 정반대의 모습이다. 세계 최고 수준의 마라토너조차 회복을 일정 안에 명확히 포함시켰다는 사실은, 회복이 얼마나 중요한 요소인지를 단적으로 보여준다.

또한 미국의 전설적인 장거리 선수 딘 카르나제스(Dean Karnazes)는 하루에 수십 마일을 달리는 울트라 마라토너임에도 활동적 회복(Active recovery)의 중요성에 대해 이야기했다.

그러니까 지치는 건 당신의 의지가 약해서가 아니다. 지치지 않게 훈련을 설계하지 않았기 때문이다.

■ 루틴은 반복이지만, 단조로움은 아니다

훈련을 할수록 지친다면 가장 먼저 훈련 일지를 들여다보자. 매일 강도 높은 훈련이 이어진다면, 최소 일주일에 이틀은 완전 회복일로 잡는 게 좋다. 회복도 훈련이다. 하루 쉬는 건 퇴보가 아니라, 그다음 훈련의 연료가 된다.

또 하나 중요한 건, 지루함은 피로로 변한다는 점이다. 매주 같은 요일, 같은 코스, 같은 페이스로만 달리면 몸보다 마음이 먼저 싫증 난다. 훈련도 맛집 탐방처럼 메뉴가 다양해야 오래 즐길 수 있다. 언덕 훈련 한 번, 변속주 한 번, 친구랑 수다 조깅 한 번, 음악 듣는 조깅 한 번. 그 작은 변화가 몸을 신선하게, 마음을 가볍게 만든다.

■ 러닝은 삶과 함께 가야 오래간다

달리기가 일상이 되어야지, 벌이 돼선 안 된다. 매번 자책하고, 숫자에 쫓기고, 비교에 시달리면서 훈련을 하면 그게 습관이 되기도 전에 고통이 된다.

우리는 취미로 뛰는 러너다. 월급이 걸린 것도 아니고, 감독이 훈련 일지를 보는 것도 아니다. 내 몸이 피곤하다면, 그건 충분히 이유가 되는 휴식의 근거다.

그리고 또 하나, 지치기 쉬운 또 다른 이유는 러닝 외의 삶을 배제하려 하기 때문이다. 직장, 가족, 친구, 야근, 배달 음식……. 이 모든 걸 안고 사는 우리에게 '완벽한 러닝 루틴'은 없다.

가끔은 하루 거르기도 하고, 가끔은 야근 후 술 한잔하고 다음 날 늦잠 자기도 한다. 그럴 때마다 '나는 왜 이럴까?' 하면서 자책할 필요는 없다. 그건 인간이 살아가는 흔한 패턴일 뿐이다. 달리기도, 그 안에서 조화롭게 이루어져야 한다.

■ 가장 필요한 건 이해와 여유

지친 당신에게 필요한 건 다그침이 아니라 이해다. 컨디션이 안 좋으면 쉬고, 힘들면 줄여도 된다. 강도 높은 훈련도 좋지만, 그걸 꾸준히 할 수 있게 만드는 건 결국 회복이다.

달리기는 마라톤이지, 스프린트가 아니다. 지치지 않고 오래 가는 쪽이, 결국 더 멀리 간다.

★ 러너임바의 한 줄 참견

"지치지 않는 훈련이 진짜 훈련이다. 오래 달리고 싶다면, 여유도 갖길."

직장인 러너를 위한 루틴 설계

'직장인 러너'라는 말만 들어도 숨이 찬다. 출근하고, 회의하고, 야근하고, 집에 오면 녹초가 되는 하루. 그 와중에도 러닝화 꺼내 들고 다시 밖으로 나가는 사람. 이미 절반은 성공한 거나 다름없다. 누군가는 "저렇게 바쁜데 어떻게 뛰지?"라고 말하겠지만, 정작 본인은 "안 뛰면 더 힘들어"라고 대답할지도 모른다. 나 역시 그런 사람 중 하나다. 정시 퇴근이 드문 현실 속에서, 피곤한 몸을 이끌고 신발 끈을 다시 묶는 데에는 그만한 이유가 있다. 단지 운동이 아니라 그날을 정리하는 방식이고, 나를 다시 세우는 루틴이기 때문이다.

하지만 러닝을 꾸준히 이어가기 위해서는 마음가짐만으로는 부족하다. 무엇보다 중요한 건 현실적인 루틴 설계다. 직장인의 가장 큰 적(敵)은 시간 부족이고, 거기에 따라붙는 예측 불가능한 일정이다. 오늘은 회식이 있고, 내일은 갑작스러운 보고가 잡히고, 모레는 야근이다. 결국 아무리 훌륭한 계획도 하루이틀 안에 무너지고 만다. 그렇기에 우리가 설정해야 할 루틴은 '완벽한 계획'이 아니라, '무너져도 다시 돌아올 수 있는 구조'다.

■ 시간을 쪼개는 게 아니라, 루틴을 작게 만드는 것

이게 내가 찾은 가장 현실적인 해답이다. 하루에 15km씩, 주 6일 훈련을 목표로 삼는 건 멋지지만, 직장인의 삶에선 그것 자체가 스트레스로 돌아올 수 있다. 대신 하루 5km, 주 4회 정도의 루틴을 만들고, 그것을 꾸준히 지켜나가는 쪽이 훨씬 더 강한 흐름을 만든다.

짧게라도 자주 뛰는 것이 중요하다. 아침 출근 전 30분, 점심 시간 20분, 퇴근 후 동네 한 바퀴. 이런 식으로 일상에서 가볍게 행할 수 있는 훈련이 오히려 더 오래간다. 그리고 무엇보다도 루틴은 시간이 짧아도 반복되면 '습관'이 되고, 습관이 쌓이면 '체력'이 된다.

■ '오늘은 피곤해서 못 뛸 것 같아' 싶은 날에는?

너무 피곤해서 뛰기 싫은 날. 누구에게나 있다. 하지만 그럴수록 '일단 2km만 뛰어보자'는 마음으로 러닝화를 신는 것이 중요하다. 왜냐하면 이상하리만치, 그런 날이 더 잘 달려질 때가 많기 때문이다. 마음은 게으르지만, 몸은 의외로 부지런하다. 뛰기 전에는 죽을 것처럼 피곤해도, 막상 뛰고 나면 오히려 개운해진다. "러닝은 항상 하고 나면 후회하지 않는 운동"이라는 말은 정말 맞다. 그래서 나는 힘든 날일수록 '5분만이라도 뛰고 생각하자'는 태도를 유지하려 한다.

■ 출퇴근 시간도 활용하면 금상첨화

출근길은 쉽지 않다. 정신없고 바쁘다. 하지만 퇴근길은 가능성으로 가득하다. 지하철 두 정거장 전에 내려서 조깅하는 루트 하나 마련해놓고 일주일에 3~4회만 해도 15~20km는 금방 쌓인다. 게다가 '시간을 따로 만들지 않아도 되는 훈련'이라는 점에서 러너의 심리적 부담도 줄어든다.

"생활 속 이동을 훈련으로 만든다."

이 전략은 바쁜 러너들에게는 최고의 무기다. 물론 샤워 시설이나 간단히 옷 갈아입는 공간이 필요하지만, 그것조차도 일단 시도해보면 의외로 어렵지 않다. 회사 근처에 체육센터가 있거나, 사무실에 샤워장이 있다면 그건 거의 '프리미엄급 훈련 환경'이다.

■ 주말은 직장인의 황금 루틴 타임

직장인에게 주말은 단순한 휴식일이 아니라, 전체 훈련을 완성시키는 마지막 퍼즐이다. 하루는 LSD(롱런), 하루는 회복 조깅으로 채우면 평일의 짧은 러닝들이 안정적인 구조 속에 제자리를 찾게 된다. 특히 일요일 아침에 20km 이상을 뛰고 나면, 월요일은 조금 덜 지치고, 화요일의 템포런도 더 수월해진다.

물론 주말에는 가족과의 일정이나 개인적인 휴식도 소중하다. 그러니 꼭 일정의 균형을 맞추려고 노력해야 한다. '훈련과 삶이 조화를 이루는 러너'야말로, 가장 오래 달리는 러너다.

■ 직장인이 꼭 기억해야 할 다섯 가지 원칙

이건 내가 직접 해보고, 수없이 실패하면서 얻은 다섯 가지다.

1. 작게 시작하고, 꾸준히 이어갈 것: 하루 5km, 주 4회도 훌륭하다. 중요한 건 루틴의 '크기'가 아니라 '지속성'이다.
2. 완벽한 계획보다 빠른 실행: 계획은 무너질 수 있지만, 실행은 쌓인다. 오늘의 2km가 내일의 20km를 만든다.
3. 다양한 루틴으로 지루함을 피할 것: 늘 같은 시간, 같은 코스, 같은 속도는 금방 질린다. 메뉴처럼 훈련을 바꿔보자.
4. 피곤한 날엔 뛰지 말고 걷기라도 하자: 루틴이 무너지는 걸 방지하는 '유지 훈련'도 중요하다. 걷기도 훈련이다.
5. 자책하지 말 것: 회식 때문에 못 뛰었어도, 야근 때문에 못 나갔어도, 다시 신발을 신을 수 있다면 당신은 러너다.

■ 러닝은 꾸준함의 운동이고, 꾸준함은 유연함에서 온다

사람들은 종종 '꾸준한 사람'을 철저하고 완벽한 사람으로 착각한다. 하지만 직장인 러너에게 꾸준함은 유연함에서 시작된다. 계획이 틀어져도 다시 돌아올 줄 아는 유연함, 몸 상태에 따라 조절할 수 있는 판단력, 한 주를 놓쳤다 해도 포기하지 않고 다음 주를 준비하는 회복력. 그게 진짜 직장인의 꾸준함이다.

러닝은 단거리 스프린트가 아니라 마라톤이다. 빨리 가는 것보다 오래 가는 게 더 중요하고, 한 번에 많은 걸 하는 것보다 오늘도 조금씩 나아가는 게 훨씬 값지다. 바쁜 직장인에게 러닝은 고통이 아니라, 오히려 자신을 가장 인간답게 만드는 시간이다. 그 시간을 위해 오늘도 러닝화를 신는 모든 사람들에게 나는 말하고 싶다. "그저 즐기면 된다."

★ **러너임바의 한 줄 참견**

"루틴은 무너지기도 하지만, 다시 쌓을 수 있다는 걸 직장인이 가장 잘 안다."

'꾸준함'이 가장 강력한 무기다

"꾸준함이 무기다."

이 말, 이제는 너무 많이 들어서 약간 식상하다고 느낄지도 모른다. 셀 수 없이 반복되어온 다짐과 문장, 동기부여 영상과 자기 계발서에서 질리도록 봤을 그 말. 하지만 이상하게도, 러닝이라는 세계에서만은 그 진부한 말이 가장 정직한 진리가 된다. 왜냐하면 러닝은 모든 실력을 '반복'에서 만들어내는 운동이기 때문이다.

누구는 빠르고, 누구는 유연하고, 누구는 '멘탈'이 강하다. 하지만 결국 끝까지 남는 사람은 '계속 뛰는 사람'이다. 심지어 달리는 속도보다 중요한 건, 달리기를 지속할 수 있는 구조를 갖추었는가 하는 것이다.

사실 러닝은 재미있는 운동이 아니다. 딱 잘라 말하자면, 러닝은 재미없을 수 있는 구조를 가진 운동이다. 경쟁도 없고, 박수도 없고, 잘 뛰었다고 칭찬해주는 사람도 없다. 그런데도 누군가는 1년을, 또 누군가는 5년, 10년을 묵묵히 달린다. 그 차이를 만드는 건 단 하나. 꾸준함을 유지하는 기술이다.

■ 꾸준함은 성실함의 문제가 아니다

누구나 한두 달은 열심히 한다. 계획표를 세우고, 장비를 사고, 스트라바에 기록을 올리고, 첫 대회를 목표로 달리다 보면 어느새 8주, 10주가 훌쩍 지나간다. 그런데 러닝의 진짜 고비는 그다음부터다. 슬슬 지겹고, 몸도 무겁고, 기록도 정체된다. 그때 드는 생각.

'나한테는 러닝이 안 맞나 봐.'

'그냥 재능이 없는 거겠지.'

이건 많은 사람들이 공통적으로 경험하는 흐름이다.

그리고 나 역시 그랬다. 지금은 한 달에 1,000km를 뛰기도 하고, 1년간 10,000km를 누적한 적도 있지만, 정작 내가 '꾸준히 뛰고 있다'는 자각을 한 건 채 3년도 되지 않았다.

처음에는 그냥 호기심이었다. 그다음엔 약간의 욕심, 그리고 어느 순간부터는 그냥 '이걸 그만두면 아쉬울 것 같은 기분'이 들었다.

■ 꾸준함은 '의지'가 아니라 '설계'다

사람들은 자꾸 꾸준함을 '성격의 영역'으로 이해한다.

"저 사람은 원래 성실하잖아."

"나는 뭘 꾸준히 못 하는 성격이라……."

그런데 러닝을 오래 해보면 느낀다. 꾸준한 사람이 있는 게 아니라, 꾸준해질 수 있는 구조를 만든 사람이 있을 뿐이다.

스스로에게 너무 많은 걸 기대하지 않는 태도, 못 뛴 날을 지나치게 자책하지 않는 여유, 그리고 싫어지지 않는 선에서 러닝을 멈추는 지혜. 이게 바로 꾸준함을 설계하는 세 가지 핵심이다.

조금 거창하게 말해보자면, 러닝은 인생과 닮았다. 계획대로 되지 않는 날이 있고, 아무리 해도 나아지지 않는 것 같은 시기가 있다. 그럼에도 무작정 버티다 보면 의외의 순간에 성장해 있는 자신을 마주하게 된다.

"나는 항상 평범한 선수였다. 하지만 누구보다 연습을 많이 했다."(하일레 게브르셀라시에, 에티오피아 마라톤의 전설)

러닝의 세계에서도 '꾸준함'으로 위대한 선수가 된 이들이 있다. 예를 들어 하일레 게브르셀라시에는 어릴 적엔 그저 잘 달리는 소년일 뿐이었다. 그가 수많은 세계 기록을 깰 수 있었던 이유는 단 하나, 매일 새벽 5시에 나가 뛰는 것이 '당연한 일'이었기 때문이다.

그의 하루는 새벽 달리기, 낮의 보강 훈련 그리고 오후 회복 훈련. 그렇다고 특별한 재능이 있었던 것도 아니다. 다만, 그는 '쉬는 날이 이상한 날'이 되도록 루틴을 설계했다.

■ 꾸준함은 '매일 뛰는 것'이 아니다

하루 뛰고, 다음 날 못 뛴다고 해서 전체가 망가지는 건 아니다. 중요한 건 다시 뛰는 것이다. 3일 쉬었으면 4일째 다시 나가면 된다. 열 번을 쉬었다면, 열한 번째에 다시 시작하면 된다. 꾸준함은 매일 뛰는 것이 아니라, 계속 뛰는 것이다.

어느 날, 문득 이런 생각이 들었다.

'나는 왜 계속 뛰고 있지?'

그리고 또 어느 날엔 이렇게 바뀌었다.

'어? 나 아직도 뛰고 있네?'

그 사이에는 몇 번의 부상과 수없이 무너진 계획표와 비 오는 날, 졸린 아침, 회식 다음 날도 있었다. 그럼에도 불구하고 다시 나갔다는 사실 하나가 나를 이 자리에 있게 했다.

■ 꾸준함은 타고나는 게 아니라 만들어지는 것이다

누군가는 나에게 "꾸준함이 재능이다"라고 말한다. 맞는 말이다. 그런데 그 재능은 타고나는 것이 아니라, 꾸준함을 만들어내는 구조와 관계와 리듬을 선택한 결과다. 내게 맞는 페이스, 내가 버틸 수 있는 훈련량, 내가 지루하지 않게 조절할 수 있는 루틴, 그걸 찾는 데 시간은 조금 걸렸지만, 그걸 찾고 나니

'꾸준함'은 더 이상 인내가 아니라 습관이 되었다.

러닝에서 가장 강한 사람은, 가장 오래 달리는 사람이다. 빠른 러너는 늘 존재한다. 하지만 몇 년 후에도 여전히 러닝화 끈을 묶고 있는 러너는 드물다. 기록은 흔들리고, 몸은 늙어가고, 페이스는 떨어지고, 무릎은 시큰거리겠지만, '그래도 오늘 한번 뛰어볼까?' 하는 마음이 남아 있는 사람. 그 사람이 결국 가장 강한 러너다.

★ 러너임바의 한 줄 참견

"꾸준함은 타고나는 게 아니라, 다시 나가는 걸 포기하지 않는 사람에게 붙는 훈장이다."

러닝 슬럼프에서 나를 구한 방법

러닝 슬럼프는 갑자기 '쾅' 하고 찾아오는 게 아니다. 어느 날부 터가 러닝화를 신는 게 귀찮아지고, 나가야지 생각은 하는데 몸 이 따라주지 않는다. 그렇다고 어디가 아픈 것도 아니다. 오히 려 몸은 멀쩡하다. 그런데도 마음이 자꾸 딴청을 피운다. 기록 을 위해 세웠던 계획표는 점점 하얗게 변하고, 러닝 앱은 일주 일 이상 훈련을 기록하지 않은 날들을 조용히 알려온다.

슬럼프는 그렇게 시나브로, 아무렇지도 않은 척 걸어 들어와 마음 한 켠에 주저앉는다. 뛰어야 한다는 생각은 여전한데, 이 상하게 발이 떨어지지 않는다. 한때는 그렇게도 마음 설레 하며 신었던 러닝화가, 이젠 구석에 놓인 채 먼지를 뒤집어쓰고 있는 걸 바라볼 때, '아, 지금 내가 슬럼프구나' 깨닫게 된다.

■ '나는 왜 달리고 있었을까?'

사실 나에게도 그런 시기가 있었다. 훈련은 계속했지만, 점점 기계처럼 반복되는 느낌. 어떤 날은 새벽에 눈을 뜨고도, '오늘은 쉬자'는 생각이 너무 당연하게 떠올랐다. 그러고는 '그래도 뛰긴 해야지' 하는 의무감으로 러닝화를 신고 나갔다. 그렇게 몇 주를 버텼다.

그런데 이상하게도 기록은 오히려 떨어졌고, 기분은 점점 다운됐고, 무언가를 잃어버린 것 같은 감정만 남았다. 지금 생각해보면 그건 '체력의 문제'가 아니었다. 내가 왜 달리고 있는지를 잊어버린 상태였다.

언제부턴가 나의 러닝은 '기록'이라는 단어에 매달려 있었다. 더 빨라야 하고, 더 길게 뛰어야 하고, 더 좋은 숫자를 찍어야 했다. 그렇게 목표를 따라 달리다 보니 어느 순간 '목표를 위해서만 뛰는 사람'이 되어 있었고, 목표를 잃자 방향도 함께 잃어버렸다.

■ 슬럼프에서 나를 구한 건 '기록'이 아닌 '기억'이었다

그 시기 나는 잠깐 달리기를 멈췄다. 억지로 훈련을 이어가는 대신, 러닝화를 벗고 아예 다른 일을 했다. 산책을 하고, 쉬고, 맛있는 걸 먹고, 주말엔 동네 시장을 걷고, 공원을 돌며 멍하니 앉아 있었다. 달리기는 하지 않았지만, 그 시간 동안 나는 '내가 좋아했던 러닝'을 조금씩 떠올렸다.

기록을 목표로 삼기 전, 나는 왜 달렸을까? 달리는 동안 느꼈던 몸의 감각, 처음 10km를 쉬지 않고 뛰었을 때의 성취감, 비 오는 날 비를 맞으며 뛰던 해방감, 그 모든 순간들이 기록과는 아무 상관 없는 기억의 러닝이었다.

그리고 어느 순간, 정말 이상하게도 내 마음이 먼저 러닝화를 찾기 시작했다. 이번에는 '이 거리만큼 뛰어야지'가 아니라 '그냥 5분만 나가볼까?' 하는 마음이었다. 그 5분은 어느새 10분이 되었고, 10분은 다시 루틴이 되었다. 그렇게 나는 '달리기로부터의 회복'이 아니라, 달리기 안에서의 회복을 경험하게 됐다.

■ 슬럼프는 지루함에서 시작된다

많은 사람들이 슬럼프를 '의지력 부족'이나 '멘탈 약함'으로 치부하지만, 사실 슬럼프의 본질은 '지루함'이다. 매일 같은 거리, 같은 시간, 같은 루틴, 같은 음악. 심지어 같은 위치에서 물을 마시고, 같은 벤치에서 스트레칭을 한다. 처음엔 익숙함이었지만, 나중엔 지겨움이 된다.

"좋아했던 노래도 반복 재생하면 질리는 법이다."

러닝도 마찬가지다. 너무 잘 짜인 훈련 계획표는, 어느 순간 즐거움을 빼앗는 족쇄가 될 수 있다.

■ 슬럼프를 벗어나기 위한 팁

그 이후 나는 몇 가지 방법을 알게 됐다. 이건 '과학적인 방법'

이라기보다 마음이 다시 뛰고 싶어지도록 유도하는 기술에 가깝다.

- 장소를 바꾼다: 똑같은 코스가 지겨우면, 지하철 타고 20분 거리에 있는 공원에서 시작해본다. 낯선 풍경은 뇌를 깨우고, 몸의 반응도 다르게 만든다.
- 시간대를 바꾼다: 아침 러너였다면 저녁에, 야간 러너였다면 아침 햇살 아래서 뛰어본다. 빛이 바뀌면 마음도 새로워진다.
- 음악을 바꾸거나 없앤다: 익숙한 플레이리스트 대신 자연의 소리를 들으며 뛰는 것도 꽤 낭만적이다.
- 기록을 지운다: 한동안 앱을 켜지 않았다. 거리도, 페이스도 측정하지 않고, 그냥 마음 가는 만큼 뛰었다. 그 자유로움 속에서 달리기가 '훈련'이 아닌 '놀이'로 느껴지기 시작했다.
- 다시 '왜 뛰는가'를 묻는다: 건강, 집중력, 나만의 시간, 하루의 리셋. 처음에 시작했던 이유는 늘 '숫자'가 아니었다. 그 이유를 다시 떠올릴수록, 기록의 강박은 점점 희미해졌다.

■ 슬럼프는 정체기가 아니라, 다음 성장을 위한 쉼표다

이제 나는 안다. 슬럼프는 '이제 조금 쉬어도 돼' 하는 몸과 마음의 요청이다. 그걸 무시하고 억지로 밀어붙이면, 진짜로 달리기를 미워하게 된다. 휴식 없이 달리는 러너는 없다. 슬럼프는

내 몸이 보내는 '다음 단계로 넘어가기 전의 준비'일 뿐이다.

잠시 러닝화를 벗고 쉬어도 괜찮다. 앉아 있어도, 서 있어도, 러너는 러너다.

★ 러너임바의 한 줄 참견

"슬럼프는 '멈춤'이 아니라 '숨 고르기'이고, 심호흡 끝에 다시 출발선이 보인다."

제5장
러너별 별 참견

처음 풀코스를 도전하는 러너

40세 / 주간 마일리지: 45km / 주 훈련 장소: 공원 둘레길 / 하프 기록: 1시간 55분

"하프는 자신 있는데 풀코스는 너무 멀게 느껴져요."

■ 이 러너의 난관은?

이 러너는 하프 완주 경험이 있고, 주간 마일리지도 40km 이상 확보되어 있어 기본 체력은 갖춰져 있습니다. 하지만 훈련 루틴이 '공원 둘레길' 위주의 반복적 패턴에 머무르고 있고, 장거리 내성이나 페이스 조절 능력은 아직 검증되지 않았습니다. 즉 문제는 체력보다 '지구력의 실전화'와 '마라톤 후반을 버틸 전략 부재'에 있습니다.

■ 성장을 위한 열쇠는?

이 러너에게 가장 필요한 것은 두 가지입니다.

첫째, 장거리 훈련을 통해 후반 거리 내성을 키우는 것.

둘째, 다양한 페이스에 익숙해지는 훈련으로 레이스 운영 능력을 향상시키는 것입니다.

아직은 레이스 전략이나 보급 타이밍에 대한 감각이 부족할 수 있기 때문에, 훈련 중 영양 섭취 연습을 병행하는 것도 중요합니다.

■ 훈련 루틴 예시(주간 마일리지 55~60km 기준)

요일	훈련 유형	거리(km)	설명
월요일	휴식 또는 5km 조깅	5	회복 주간의 시작, 피로 회복 중심
화요일	페이스주	10	5:30/km 페이스 유지, 레이스 감각 훈련
수요일	가벼운 조깅	8	숨 고르기, 관절 회복 목적
목요일	변속주(2km 조깅+1km 템포 ×3+2km 조깅)	10	변속 리듬에 익숙해지기 위한 훈련
금요일	휴식 또는 보강운동	-	무릎, 발목 등 회복 중심 보강
토요일	LSD(Long Slow Distance)	20~24	6:00/km 이상 속도로 거리 내성 향상
일요일	회복 조깅	5~6	근육 회복과 루틴 리셋

총거리: 약 58~63km

이 루틴은 마일리지를 무리 없이 늘리되, 후반 거리 내성을 위한 LSD를 중심에 두고 짜여 있습니다. 화요일과 목요일은 실전 페이스와 리듬 조절 훈련이고, 수요일과 주말 후반에는 회복 중심으로 근육과 관절 피로를 풀어주는 구조입니다.

러너임바의 어드바이스: 마라톤은 몸보다 마음이 먼저 무너지는 경기입니다. 첫 풀코스를 준비하는 사람에게는 속도보다 '불안감을 낮추는 경험'이 훨씬 중요합니다. 30km 이상을 천천히 뛰어본 경험, 보급 젤을 열어 먹는 연습, 후반 5km에서 아무 음악도 없이 달려보는 것. 이런 것들이 실전에서 기적처럼 작용합니다. 첫 마라톤에서는 기록이 아니라 '좋은 기억'을 남기는 게 훨씬 오래갑니다.

★ **러너임바의 한 줄 참견**

"처음 풀코스는 완주가 목표입니다. 기록은 두 번째 마라톤이 책임질 겁니다."

체중이 많이 나가는 러너

33세 / 체중: 94kg / 주간 마일리지: 30km / 훈련 장소: 트레드밀 위주 / 기록 없음

"조금만 뛰어도 무릎이 아파요. 그래도 마라톤에 도전할 수 있을까요?"

■ 이 러너의 난관은?

이 러너는 마라톤 도전에 대한 열정은 분명하지만, 현재의 체중과 주간 마일리지를 감안했을 때 무릎과 발목 등 관절 부하가 크고, 반복되는 통증이 훈련 지속성을 위협하고 있습니다. 특히 트레드밀 중심의 훈련은 착지 충격은 줄여주지만 실제 노면 주행에 필요한 근육이나 균형 감각은 부족하게 만듭니다. 달리는 체력보다 중요한 것은 '버틸 수 있는 관절과 자세'입니다.

■ 성장을 위한 열쇠는?

이 러너에게 가장 필요한 건, 러닝을 버틸 수 있는 몸을 먼저 만드는 것입니다. 속도도 거리도 욕심내지 말고, 30분 걷기 + 달리기를 반복하며 무릎과 발목이 버틸 수 있는 하중과 자세를 익히는 것이 우선입니다. 동시에 보강 운동을 생활화해야 합니다. 체중이 많이 나가는 러너에게는 러닝보다 스쿼트, 런지, 플랭크 같은 기초 보강 운동이 더 강한 훈련일 수 있습니다. 신발 역시 푹신함보다는 안정성과 반발력 조절이 가능한 안정화 계열을 추천합니다.

■ 훈련 루틴 예시(주간 마일리지 35~40km 목표)

이 루틴은 걷기와 조깅을 병행하며 체중 부담을 줄이고, 근육과 관절을 동시에 단련하는 구조입니다. 특히 주 2회의 보강 운동과 회복 조깅은 이 러너에게 마라톤 체력을 위한 토대를 만들어줄 것입니다.

러너임바의 어드바이스: 무릎이 아픈 건 러닝을 하면 안 되는 이유가 아니라, '지금의 방식으로는 계속할 수 없다는 신호'일 뿐입니다. 지금 필요한 건 더 강하게가 아니라, 더 똑똑하게 달리는 전략입니다. 마라톤은 누구나 도전할 수 있지만, 누구나 같은 방식으로 준비할 수는 없습니다. 이 여정을 위해서는 당신의 몸이 견디는 방식을 스스로 발견해가는 과정이 필요합니다.

요일	훈련 유형	거리(km)	설명
월요일	보강 운동	-	관절 중심 안정성 강화
화요일	걷기+조깅 인터벌	5	1km 걷기+500m 조깅 반복, 무릎 상태 점검
수요일	휴식 또는 플랭크 루틴	-	회복 중심 코어 안정화
목요일	트레일형 평지 조깅	6	바깥 길에서 리듬 찾기
금요일	보강 운동+걷기	3	전신 근지구력 보완
토요일	LSD 목표 거리	10~12	페이스 7:30/km 이상, 완주 자체에 집중
일요일	회복 조깅+스트레칭	4~5	가볍게 움직이고 이완

총거리: 약 28~31km(회복 중심 유지)

★ 러너임바의 한 줄 참견

"체중은 러닝의 한계가 아닙니다. 더 단단한 루틴이 필요한 이유일 뿐입니다."

근육 경련이 자주 나는 러너

37세 / 주간 마일리지: 65km / 훈련 장소: 한강 / 마라톤 최고 기록: 3시간 42분

"20km쯤 지나면 종종 장딴지에 쥐가 나요. 뭐가 문제일까요?"

■ 이 러너의 난관은?

주간 마일리지도 충분하고, 풀코스 완주 경험도 있는 이 러너는 중급 이상의 실력을 가진 러너입니다. 하지만 문제는 20km 이후 반복적으로 발생하는 장딴지 경련. 이는 단순한 체력 부족이 아니라, 근육의 회복 불균형이나 에너지 대사 시스템의 불안정, 혹은 한정된 자극의 반복 때문일 수 있습니다. 특히 같은 페이스와 같은 코스만 반복하는 러너들에게서 자주 보이는 증상

으로, 리듬의 단조로움이 근육의 일방적인 피로를 부른다는 게 핵심 원인입니다.

■ 성장을 위한 열쇠는?

이 문제를 해결하기 위한 핵심은 훈련 속도의 다양성과 회복 루틴의 강화입니다. 장딴지는 종아리뿐 아니라 햄스트링, 발목, 심지어 엉덩이 근육과도 연결되어 있기 때문에, 전반적인 하체 근육의 협업을 끌어내는 훈련이 필요합니다. 평소에 스트레칭과 마사지로 근육 이완을 자주 해주는 것은 기본이고, 훈련 자체도 단일 페이스에서 벗어나야 합니다. 변속주, 언덕주, 템포런 등 리듬을 바꾸는 훈련이 바로 가장 실질적인 해법입니다.

또한 수분과 전해질 보충은 단순한 선택이 아니라 훈련 루틴의 일부로 삼아야 합니다. 훈련 전후로 마그네슘이나 칼륨을 꾸준히 섭취하고, 장거리 훈련 중엔 염분이 포함된 보급 젤이나 염분도 조금 챙겨보세요. 훈련 강도에 따라 물만으로는 절대 부족할 수 있습니다.

■ 훈련 루틴 예시(주간 마일리지 65~70km 기준)

이 루틴은 근육의 특정 부위에만 반복 자극이 가는 것을 방지하고, 다양한 방향으로 자극을 분산시켜 전체 하체 체계를 고르게 강화하는 데 중점을 둡니다. 특히 수요일과 목요일의 리듬 전환 훈련은 경련 예방과 직결됩니다.

요일	훈련 유형	거리(km)	설명
월요일	회복 조깅 + 하체 스트레칭	6	종아리 이완, 경직 해소 중심
화요일	템포런(5:00/km 페이스)	10	근육에 일정한 부하를 주는 집중주
수요일	언덕주(100m×8)+조깅	8	발목, 햄스트링, 종아리 협응 훈련
목요일	변속주(1km 빠르게+1km 느리게×3)	10	리듬 전환과 근육 자극 다양화
금요일	휴식 또는 보강 운동	-	하체 중심 마사지 볼, 폼롤러 활용
토요일	LSD	20~22	장거리 내성 향상, 보급 훈련 병행
일요일	회복 조깅	6~7	스트레스 없는 주간 마무리

총거리: 약 60~63km

러너임바의 어드바이스: 근육 경련은 몸이 보내는 명확한 신호입니다. '지금 이 부위만 너무 쓰고 있다'는 얘기죠.

마라톤은 특정 근육이 아닌, 여러 부위가 조화롭게 움직이는 스포츠입니다. 근육 하나를 몰아붙이기보다 전체 하체 팀워크를 만들어야 합니다. 그리고 리듬. 리듬을 바꾸는 순간, 경련도 달아납니다.

★ 러너임바의 한 줄 참견

"경련은 몸이 보내는 SOS입니다. 훈련의 리듬을 바꾸면, 쥐도 더 이상 따라오지 않습니다."

기록의 한계에 부딪힌 여성 러너

43세 / 주간 마일리지: 80km / 훈련 장소: 러닝 크루+혼자 훈련 병행 /

풀코스 최고: 3시간 17분

"계속 3시간 17분대에서 머물고 있어요. 더 줄일 순 없는 걸까요?"

■ 이 러너의 난관은?

마일리지도 충분하고, 기록도 높은 수준을 유지하고 있지만, 그만큼 '정체 구간'도 길어지고 있는 상태입니다. 문제는 근본적인 체력이 아니라, 훈련의 자극이 이미 몸에 익숙해졌다는 점입니다. 크루와 함께 훈련하는 시간이 많아 일정한 루틴을 유지하는 데에는 장점이 있지만, 속도와 회복의 균형, 고강도 훈련의 개인화가 어려워질 수 있습니다. 결국 이 러너의 한계는 체력의 한계가 아닌 자극의 상투성에 있습니다.

■ 성장을 위한 열쇠는?

이 단계에서 기록을 더 줄이기 위해 필요한 건 훈련의 질적인 재편성과 회복의 전략화입니다. 강한 자극보다 '정확한 자극'이 중요해지고, 회복이 단순 휴식이 아니라 '다음 훈련을 위한 준비'가 되어야 합니다. 템포런과 인터벌 훈련의 설계가 너무 단순하거나 패턴화되었다면, 구간 시간이나 반복 횟수, 회복 시간 등을 전면적으로 조정해야 합니다. 특히 인터벌은 '달리는 시간보다 쉬는 시간이 중요한 단계'입니다.

또한 이 시점에서는 심리적인 지루함이나 성취감의 둔화가 슬럼프로 이어질 수 있기 때문에, 대회 일정이나 훈련 환경에 변화를 주는 것도 좋은 자극이 될 수 있습니다. 새로운 장소에서 혼자 뛰는 조용한 장거리 훈련, 페이스를 신경 쓰지 않는 시계 없는 러닝 등 '익숙하지 않은 것'들이 오히려 다음 기록의 문을 열어줄 수 있습니다.

■ 훈련 루틴 예시(주간 마일리지 80~85km 기준)

이 루틴은 주간 마일리지를 크게 바꾸지 않으면서, 자극의 방향성과 회복 설계에 초점을 맞춘 구조입니다. 특히 수요일과 금요일의 회복 또는 드릴 조깅은 심리적 피로를 낮추는 데 도움이 되며, 토요일 LSD는 실전 감각을 유지하는 핵심입니다.

요일	훈련 유형	거리(km)	설명
월요일	회복 조깅	8	전날 LSD 또는 강도 훈련 후 근육 회복 중심
화요일	템포런(4:45/km×10km)	12	지속적 자극, 레이스 감각 유지
수요일	휴식 또는 스트레칭 & 보강	-	회복 중심, 코어 보강
목요일	인터벌(1km×5, 페이스 4:10/km)	10	회복 간격 최소화, 심폐 향상 중심
금요일	조깅+드릴	10	기본 페이스 유지+ 자세 개선
토요일	LSD 또는 변형 지속주	22~24	보급 타이밍 훈련 병행
일요일	회복 조깅	6~8	주간 마무리 정리 조깅

총거리: 약 78~84km

러너임바의 어드바이스: 일정 수준까지 기록을 줄이는 건 거리와 반복으로도 충분합니다. 하지만 그 이후는 완전히 다른 게임입니다. 기존의 리듬을 무너뜨릴 수 있는 '작은 불편함'이 필요합니다. 훈련 환경, 시계, 음악, 함께 달리는 사람……. 뭐든 좋습니다. 변화가 자극이 되고, 그 자극이 기록을 움직입니다.

★ 러너임바의 한 줄 참견

"기록의 벽은 '더 센 훈련'보다 '다르게 훈련하는 용기'가 깹니다."

서브3의 벽을 만난 러너

39세 / 주간 마일리지: 100km / 훈련 장소: 트랙+도로 혼합 / 풀코스 최고: 3시간 1분 13초

"서브3가 이렇게 멀 줄 몰랐어요. 딱 1분이 안 줄어요."

■ 이 러너의 난관은?

3시간 1분이라는 기록은 서브3 문턱에 거의 도달했다는 뜻입니다. 실력은 이미 충분하지만, 문제는 '세밀한 완성도'입니다. 후반 5km 구간에서의 페이스 저하, 보급 타이밍 혹은 순간적인 리듬 붕괴 등이 시간을 깎아먹고 있을 가능성이 높습니다. 이 수준에서는 실력이 아니라 페이스 운영의 정밀도와 심리적 버팀력이 관건입니다.

■ 성장을 위한 열쇠는?

서브3를 위해선 이미 높은 훈련량을 바탕으로 한 최종 완성도 훈련이 필요합니다.

후반 10km 시뮬레이션 훈련, 페이스 컨트롤을 위한 변속주, 마무리 질주 반복 등 실전 대응 훈련이 필요합니다. 기록을 위해선 체력이 아니라 '무너지지 않는 기술'을 익혀야 합니다. 또한 1km 단위가 아닌, '5km-5km-10km-10km-5km-7.195km' 구조로 레이스를 분할하고, 구간별 계획을 세우는 전략도 중요합니다.

■ 훈련 루틴 예시(주간 마일리지 100~105km 기준)

이 루틴은 기록을 바꾸는 훈련이 아니라 기록을 '완성'시키는 훈련입니다. 강도보다 중요한 건 정밀도이고, 반복보다 중요한 건 조율입니다. 서브3는 '마라톤을 잘하는 사람'만이 아니라, '42.195km의 리듬을 관리할 줄 아는 사람'이 도달할 수 있는 지점입니다.

러너임바의 어드바이스: 서브3는 숫자 싸움이 아닙니다. 3시간 1분과 2시간 59분의 체력 차이는 거의 없습니다. 차이는 운영력, 감속의 폭, 보급 타이밍, 멘탈 붕괴 시점을 얼마나 늦출 수 있느냐에 달려 있습니다. 훈련을 다시 강하게 할 필요는 없습니다. 지금부터는 훈련을 '섬세하게' 해야 할 타이밍입니다.

요일	훈련 유형	거리(km)	설명
월요일	회복 조깅	10	트랙 위주, 6:00/km 이상으로 천천히
화요일	변속주	14	1km@마라톤 페이스 +1km@조깅×7회
수요일	보강+쉬는 날	-	회복, 폼롤러, 중둔근 자극 위주
목요일	템포런	15	4:15~4:20/km로 10~12km 지속주 중심
금요일	조깅+드릴	10	기본자세 유지, 리듬 훈련
토요일	인터벌	14	1km×8회, 페이스는 3:50~4:00/km
일요일	LSD 또는 레이스 시뮬레이션	25~28	후반 10km 가속 구간 포함 시뮬레이션

총거리: 약 100~105km

★ 러너임바의 한 줄 참견

"서브3는 속도가 아니라 균형의 예술입니다. 1분을 넘는 건 체력이 아니라 운영입니다."

3년째 같은 기록을 반복 중인 러너

34세 / 주간 마일리지: 70km / 훈련 장소: 회사 근처 공원 / 하프 기록: 1 시간 37분

"3년 동안 거의 같은 시간대예요. 발전이 없어요."

■ 이 러너의 난관은?

마일리지도 적지 않고, 훈련 루틴도 일관되게 잘 유지하고 있는 이 러너는 표면적으로는 '모범적인 꾸준함'을 갖춘 상태입니다. 하지만 그 꾸준함이 이제는 익숙함으로 바뀌었고, 몸은 그 리듬에 너무 적응해버린 상황입니다. 반복되는 코스, 일정한 페이스, 훈련 시간까지 거의 고정되어 있다면, 근육과 심폐는 더 이상 새로운 자극을 받지 못합니다. 정체는 몸이 아니라 패턴이

만든 결과입니다.

■ 성장을 위한 열쇠는?

이 시점에서 필요한 건 거창한 변화가 아닙니다. '작은 낯섦'
이 필요합니다. 훈련 코스를 바꾸거나, 러닝화 모델을 바꿔보는
것도 하나의 시작이고, 가장 추천하는 건 '리듬의 흔들기'입니다.
매주 1회는 예측할 수 없는 환경에서의 훈련 — 예를 들면 언덕
주, 눈 오는 날 러닝, 신호등 많은 시내 러닝, 또는 시계를 끈 상
태에서 페이스를 감으로 조절하는 훈련 등 — 을 시도해보세요.

요일	훈련 유형	거리(km)	설명
월요일	회복 조깅	6	푹 쉬기보다 가볍게 움직이기 중심
화요일	인터벌(800m×6)	10	빠른 자극으로 심폐 흔들기
수요일	자유 러닝(시계 없이)	8	감각 중심, 거리와 시간 제한 없이
목요일	페이스주	12	5:00/km 페이스로 유지하는 기본기
금요일	휴식 또는 보강 운동	-	루틴 정리, 하체 중심 스트레칭
토요일	언덕주+LSD 조합	20~22	전반부 언덕, 후반부 장거리
일요일	조깅+회복	6~8	일상으로 돌아오는 가벼운 러닝

총거리: 약 68~74km

'기록'보다 '감각'을 자극해야 정체 구간을 벗어날 수 있습니다.

■ **훈련 루틴 예시**(주간 마일리지 70~75km 기준)

러너임바의 어드바이스: 달리기는 리듬의 운동이지만, 그 리듬이 너무 단단해지면 성장 대신 무뎌짐이 찾아옵니다. 새로운 무언가를 시도하는 데 필요한 건 실력이 아니라 약간의 용기입니다. 변화를 주는 사람만이 다음 계단을 밟을 수 있습니다.

★ **러너임바의 한 줄 참견**

"기록이 멈춘 게 아니라, 리듬이 굳어버린 걸지도 모릅니다. 흔들어야 다시 흐릅니다."

퇴근 후에만 달리는 러너

45세 / 주간 마일리지: 40km / 훈련 장소: 회사 근처 산책로 / 10km 기록: 52분

"아침엔 못 일어나고, 밤엔 피곤한데도 꾸역꾸역 달려요."

■ 이 러너의 난관은?

퇴근 후 러닝은 많은 직장인 러너들이 선택하는 루틴입니다. 하지만 하루의 피로가 누적된 상태에서 강도를 높이거나 거리를 채우려 할 경우, 달리기는 더 이상 리프레시가 아니라 스트레스로 작용합니다. 결국 '루틴의 지속성'과 '회복력' 사이에서 균형을 잃기 쉬운 상황입니다.

■ 성장을 위한 열쇠는?

이 러너에게 필요한 건 '시간을 바꾸는 것'이 아니라 '시간의 사용법'을 바꾸는 일입니다. 퇴근 후엔 강도보다 루틴 유지와 감각 회복에 집중하고, 가능한 한 주말 낮 시간대에 훈련의 질을 몰아주는 방식으로 전환하는 것이 효과적입니다. 특히 아침형 인간이 아니라고 해서 아예 아침 훈련을 포기하기보다, 주 1회라도 오전 조깅을 도입해보는 시도가 심리적 전환점이 되어줄 수 있습니다. 무엇보다 중요한 건 훈련과 휴식이 '에너지 소비'가 아닌 '에너지 순환'으로 돌아와야 한다는 점입니다.

■ 훈련 루틴 예시(주간 마일리지 40~45km 기준)

요일	훈련 유형	거리(km)	설명
월요일	회복 조깅	5	퇴근 후 짧고 느리게, 루틴 유지
화요일	페이스주(출근 전 or 저녁)	8	가능한 한 오전 도전, 못 하면 저녁 느린 템포
수요일	휴식 또는 스트레칭	-	완전한 휴식일로 확보
목요일	변속주	8	리듬 회복, 1km 빠르게 +1km 느리게 반복
금요일	조깅	5	컨디션 점검, 부담 없는 러닝
토요일	LSD or 페이스주	12~14	낮 시간대 확보, 본훈련 중심
일요일	회복 러닝+드릴	4~6	자세 훈련, 루틴 정리용 가벼운 달리기

총거리: 약 42~46km

러너임바의 어드바이스: 중요한 건 언제 뛰느냐가 아닙니다. 그 시간 속에 내가 어떤 상태인지, 그리고 그걸 어떻게 다음으로 연결하느냐입니다. 야근 후 달리기도 위대하지만, 그 위대함이 탈진으로 이어지지 않도록 루틴을 설계해야 합니다. 직장인 러너에게 필요한 건 강도보다 리듬, 거리보다 회복입니다.

★ **러너임바의 한 줄 참견**

"하루를 다 쓰고 뛰는 사람은 누구보다 대단합니다. 그러니 지치지 않도록 똑똑하게 달려야죠."

나이 때문에 고민하는 러너

50세 / 주간 마일리지: 75km / 훈련 장소: 학교 트랙+한강 / 풀코스 최

고: 3시간 28분

"이 나이에 기록이 더 나아질 수 있을까요?"

■ 이 러너의 난관은?

이 러너는 나이와는 무관하게 여전히 수준급의 기록과 훈련
량을 유지하고 있습니다. 다만, 나이에 따른 심리적 제동과 회
복 속도의 체감 저하가 주된 난관입니다. 체력이 크게 줄어들기
보다는 '피로가 오래간다', '강도 높은 훈련을 다음 날까지 끌고
간다'는 느낌이 강해질 수 있고, 그것이 스스로를 주저하게 만
드는 요인이 됩니다. 훈련 자체보다 회복의 리듬이 이전과 달라

진 것이 문제의 본질입니다.

■ 성장을 위한 열쇠는?

해법은 간단합니다. 강도를 줄이는 게 아니라, 강도 이후의 회복을 루틴화하는 것. 특히 이 나이대에는 '강도-회복-조율'의 순환이 중요합니다. 예를 들어 인터벌이나 템포런 다음 날은 무조건 회복 조깅이나 보강 운동을 넣어주고, 일주일 단위 훈련에서도 '고강도는 3일에 한 번' 정도로 템포를 조절해야 합니다. 또 하나 중요한 것은 지루하지 않게 훈련하는 방법입니다. 기록을 단축하겠다는 목표보다, '이번 훈련이 내 몸에 어떤 영향을 주었는지'를 관찰하고 반응하는 루틴을 만드는 것이 성장의 지표가 됩니다.

■ 훈련 루틴 예시 (주간 마일리지 70~75km 기준)

러너임바의 어드바이스: 50대 러너에게 가장 필요한 건 '잘 쉬는 능력'입니다. 회복이 느려지는 건 자연스러운 흐름이고, 그것을 인정한 순간부터 오히려 훈련이 더 깔끔해집니다. 무리하지 않는 똑똑한 루틴과 자신을 의심하지 않는 멘탈이야말로 이 시기의 가장 강한 무기입니다. 나이는 숫자지만, 그 숫자에 맞는 전략은 얼마든지 세울 수 있습니다.

요일	훈련 유형	거리(km)	설명
월요일	회복 조깅	6	전날 장거리 후 회복 중심
화요일	템포런	12	4:50/km 페이스, 심폐 리듬 자극
수요일	휴식 또는 보강 운동	-	회복과 근육 유연성 확보
목요일	인터벌(1km×5)	10	4:20/km 목표, 페이스 조절 중심
금요일	조깅	8	가벼운 페이스로 컨디션 유지
토요일	LSD or 페이스주	20~22	후반 5km 가속 포함 실전 훈련
일요일	회복 러닝+스트레칭	6~8	주간 피로 정리 및 회복

총거리: 약 70~75km

★ 러너임바의 한 줄 참견

"나이는 전략의 출발선이지, 한계선이 아닙니다."

제6장

마라톤 대회 준비하기 A to Z

마라톤 대회, 언제 접수해야 할까?

마라톤을 뛰고 싶다고 결심하는 순간, 가장 먼저 해야 할 일은 '어떤 대회에 참가할 것인지 정하는 것'이다. 그리고 그다음 단계는 바로 '접수'다. 그런데 막상 검색해보면 "벌써 마감됐네?"라는 말을 가장 많이 듣게 되는 순간이기도 하다. 국내의 주요 마라톤 대회는 대부분 선착순 접수 방식이며, 인기가 많은 대회일수록 접수 오픈과 동시에 마감되는 경우가 많다. 특히 서울, 춘천, JTBC 마라톤처럼 브랜드가 확실한 대회는 '클릭 전쟁'이라 해도 과언이 아닐 정도다.

■ 대표적인 국내 마라톤 대회 리스트

- 서울마라톤(동아마라톤): 국내 최대 규모. 보통 3월 중 열리

며, 광화문에서 출발하여 서울 도심의 메인 도로를 달릴 수 있는 상징적 대회.

- 춘천마라톤: 가을 대표 대회. 맑은 날씨와 호반 코스로 유명하며, 비교적 완만한 업다운과 도시 외곽 자연 풍경이 조화를 이루는 코스. 10월 중 개최.

- JTBC 서울마라톤: 상암과 잠실을 가로지르는 대회로, 도심과 강변이 조화를 이루는 코스. JTBC 방송사의 운영으로 조직력과 분위기가 뛰어남. 11월 초 개최.

- 경주국제마라톤: 유네스코 유산을 품은 경주 시내를 달리는 독특한 코스. 역사와 러닝을 함께 즐길 수 있는 테마성 대회. 10월 중 개최.

- 새만금국제마라톤: 새만금 방조제를 중심으로 펼쳐지는 이색적인 코스. 참여 인원도 많고 국제 대회여서 국제부 엘리트도 참여하는 큰 규모의 대회. 넓고 한적한 직선 코스가 특징. 4월 중 개최.

- 경기마라톤: 수도권 중심 러너들에게 인기가 높은 대회. 출퇴근 거리에서 접근 가능하고, 주로 평지 코스로 구성. 4~5월 개최.

- 공주백제마라톤: 충청권의 대표적인 대회로, 유적지 주변의 안정된 코스와 지역 축제와 연계된 분위기가 인상적. 9월 말~10월 초 개최.

- 제주국제마라톤: 청정 제주의 도로를 달릴 수 있는 독특한

대회. 비교적 덜 알려졌지만 추천할 만한 코스. 참가자에게 감귤을 주는 것으로도 유명하다.

■ 어떤 대회를 골라야 할까?

러너의 성향에 따라 선택 기준은 달라질 수 있다.

- 첫 마라톤이라면 평지 위주의 코스, 참가 인원이 비교적 적은 중소 규모 대회를 추천한다. 예: 경기마라톤, 공주백제마라톤 등.
- 기록을 노린다면 엘리트들이 참가하는 국제 인증 코스이면서 평탄한 도로가 많은 대회가 적합하다. 예: 서울마라톤, JTBC 서울마라톤. 새만금국제마라톤.
- 여행을 겸하고 싶다면 경주, 제주, 새만금 등 경치가 좋은 지역의 대회를 고려해보자. 러닝이 여행이 될 수 있다.

■ 왜 미리 접수하는 게 중요할까?

- 훈련 플랜이 구체화된다: 목표가 정해져야 루틴이 정리된다. 16주, 12주, 8주 훈련 계획은 대부분 대회 날짜가 기준이다.
- 심리적 구심점이 생긴다: 대회를 정해두면 동기부여가 더 강력해진다. '그날을 위해 오늘도 뛴다'는 마음이 생긴다.
- 시간과 돈을 아낄 수 있다: 사전 접수 할인, 숙소 예약, 교통비 절약 등 여러 면에서 이득이다.

결국 마라톤 접수는 훈련보다 먼저 시작되는 마라톤의 일부다. 원하는 대회를 미리 조사하고, 접수 일정과 마감 속도를 체크해두자. 그리고 '언젠가 뛰고 싶다'는 마음을, '내가 이 대회를 뛴다'는 계획으로 바꾸는 순간, 진짜 마라톤 준비는 시작된다.

★ 러너임바의 한 줄 참견

"마라톤은 접수 버튼을 누르는 순간부터 이미 시작이다."

대회 접수 후 제일 먼저 해야 할 일들

마라톤 대회를 접수했다고 끝이 아니다. 오히려 이제부터 진짜 준비가 시작된다. 대회 날짜가 정해졌다면, 그날을 중심으로 모든 것을 설계해야 한다. 목표 기록, 훈련 루틴, 컨디션 조절, 심지어 숙소와 교통까지 조금이라도 빨리 준비에 들어가는 것이 대회 당일의 만족도를 좌우한다.

■ 목표 설정

이 대회를 통해 완주를 목표로 할 것인지, 기록 경신을 노릴 것인지, 혹은 '경험해보자'는 마음으로 가볍게 참가할 것인지를 먼저 정해야 한다. 이 목표가 있어야 훈련 루틴이 달라지고, 당일의 전략도 바뀐다. 특히 처음 마라톤을 뛰는 러너라면 '완주'

만을 목표로 해도 좋다. 무리한 기록 욕심은 대회를 망치는 지름길이다.

■ 숙소와 교통편 확보

지방 대회라면 숙소는 필수고, 서울이나 수도권 대회라고 해도 교통편은 신경 써야 한다. 마라톤은 새벽부터 움직여야 하는 일정이어서, 출발선까지의 이동 시간이 불확실하면 심리적 피로도가 크게 증가한다. 무조건 '출발선에서 가까운 숙소'를 기준으로 예약을 고려하자. 특히 이른 아침에 너무 오래 이동하거나 대기하면 컨디션이 떨어지기 쉽다.

■ 훈련 재정비

이미 접수했다면 남은 시간을 역산해 루틴을 조정해야 한다. 당장 16주 훈련을 시작할 필요는 없지만, 대회일 기준으로 몇 주가 남았는지를 계산하고, 그에 맞는 주간 마일리지나 회복 계획을 구성하는 것이 좋다. 체력적 여유가 있다면 '페이스 실험'이나 '시뮬레이션 러닝'을 조기에 한 번쯤 넣어보는 것도 효과적이다. 단, 새로운 훈련 방법을 시도하는 건 대회 직전이 아닌, 여유 있는 시점에 해야 한다는 것을 잊지 말자.

■ 체크리스트 만들기

단순히 준비물 체크가 아니라 훈련 계획표, 숙소 및 교통 정보, 대회 당일 시간표, 예상 페이스 분배 등 '내 러닝 시나리오'를 미리 적어보는 것이다. 실제 달리기보다 이 준비 과정이 훨씬 현실적이고 중요할 수 있다. 계획이 정리되면 훈련도 자연스레 그 흐름을 따라가게 된다.

■ 주변 알리기

단순히 SNS에 올리라는 이야기가 아니다. 가족이나 친구 혹은 러닝 파트너에게 대회에 참가한다고 이야기해두는 것은 나름의 '책임감'을 만든다. 대회일이 가까워질수록 훈련은 지루해지고, 기온이나 일정 변화로 컨디션이 흔들릴 수 있는데, 이럴 때 "그래도 뛰기로 했잖아"라는 말 한마디가 강력한 동기부여가 될 수 있다. 누군가에게 이야기하는 것만으로도 나의 준비는 한 단계 더 단단해진다.

결론적으로, 마라톤은 접수 이후에야 비로소 '준비할 수 있는 상태'가 된다. 대회일이 구체화되면 계획도 달라지고, 마음도 달라진다. 모든 준비는 느슨하게 시작해도 괜찮지만, 방향만큼은 정확하게 잡고 가야 한다. 그리고 그 방향은 오늘 정해야 한다. 내일은 벌써 하루 늦다.

★ 러너임바의 한 줄 참견

"기록은 훈련이 만들고, 완주는 계획이 만든다."

대회 전 일주일 동안 금지해야 할 것들

드디어 마라톤 대회가 눈앞으로 다가왔다. 마지막 7일, 이제 남은 일주일 동안 무엇을 해야 할까보다 더 중요한 건 무엇을 '하지 말아야 할까'다. 이 시기는 그동안 열심히 쌓아온 훈련의 결과물을 '최종 포장'하는 시간이지, 새롭게 뭔가를 채워 넣는 시기가 아니다. 그런데 이 시점에서 욕심과 불안함이 만나 이상한 행동을 유도한다. 조심해야 할 리스트는 생각보다 많다.

■ 새로운 러닝화, 새로운 복장, 새로운 아무거나

마라톤 직전에 러닝화나 복장을 새로 바꾸는 것은 가장 흔하고 위험한 실수다. 신발의 쿠션이나 피트감, 옷의 재질과 마찰감은 최소한 몇 번은 테스트해보고 대회 당일 입어야 한다. 특히 '처음 신는 러닝화로 마라톤 완주'는 가장 확실한 물집과 통증 보장 패키지다. 이미 신던 신발이라 해도 끈을 다시 묶는 방식이나 양말의 두께가 달라지면 발의 피로도는 크게 바뀔 수 있다.

■ 급격한 식단 변화

일주일 전부터 갑자기 탄수화물을 줄인다거나 단백질을 많이 먹는다거나, 마라톤을 위해 새로운 보충제를 추가하는 것은 좋지 않다. 위장은 러닝화보다 더 예민하다. 특히 대회 당일에는 장시간 뛰어야 하므로 속이 편한 것이 매우 중요하다. 대회 전 3일 정도는 너무 기름지거나 생소한 음식은 피하고, 가볍고 익숙한 식단 위주로 유지하는 것이 좋다.

■ 무리한 강도 훈련

'지금이라도 조금만 더 달리면 기록이 나아지지 않을까?'라는 생각은 전형적인 함정이다. 특히 대회 3~4일 전에 마지막으로 한 번 '빡세게' 달리고 싶은 유혹이 크지만, 이 시기의 강도 높은 훈련은 회복 시간을 보장하지 않기 때문에 오히려 기록을 망친다. 주중에는 5~10km 정도의 가벼운 조깅과 드릴, 워킹, 스트레칭 위주로 루틴을 유지하되, 절대 심박을 흔들 정도의 훈련은 피하라.

■ 잠을 너무 많이 자려는 시도

마라톤이 다가오면 '미리 자둬야지'라는 마음에 밤마다 일찍 눕는 경우가 많다. 하지만 갑작스러운 수면 패턴 변화는 오히려 숙면을 방해한다. 대회 당일 아침 일찍 일어나야 한다는 긴장감도 더해져 '누웠는데 잠이 안 오는' 상태가 지속되면 스트레스만 쌓인다. 평소와 같은 시간에 자고, 잠을 줄이기보다는 평온한 컨디션을 유지하는 데 집중하자.

■ 몸무게와 컨디션에 대한 과도한 집착

러너들 중 일부는 대회 일주일 전부터 몸무게를 자주 재고, 다이어트를 시도하거나 체중 감량에 급급한 모습을 보인다. 하지만 체중은 하루에 몇백 그램 차이로는 큰 의미가 없고, 마라톤에서 중요한 것은 '가벼움'보다 '에너지의 저장량'이다. 이 시기의 칼로리 섭취 제한은 에너지를 고갈시키고, 실제 대회 날 벽에 부딪히기 쉬운 상태를 만든다. 몸무게보다 중요한 건 지금의 감각과 컨디션을 유지하는 것이다.

■ 러닝 관련 유튜브, 후기, 자극 영상 과몰입

생각보다 많은 러너가 대회 일주일 전부터 유튜브에서 마라톤 영상을 검색하고, 기록 좋은 사람들의 후기나 레이스 리뷰를 읽으면서 괜히 초조해한다. 이는 무의식적으로 비교 심리를 자극하고, 본인만의 루틴에 의심을 갖게 만든다. 다른 사람의 페이스, 준비, 보급법은 참고는 되겠지만 기준이 되어선 안 된다. 특히 '나는 왜 이렇게 안 했지?'라는 생각이 들면 이미 흔들리기 시작한 거다.

■ 이상한 멘탈 트레이닝 시도

'나는 무조건 서브4다, 나는 무조건 서브3다' 같은 긍정 마인드를 갖는 것도 좋지만, 지나치게 억지로 자기 확신을 주입하다 보면 실패했을 때의 충격이 더 커진다. 오히려 '달리다 안 되면 조깅하자', '걷더라도 무조건 완주만 하자'처럼 현실적이고 유연한 마인드가 실제 현장에서 도움이 된다. 멘탈도 훈련처럼 차근차근 쌓아야지, 대회 일주일 전부터 급하게 다지면 오히려 부작용을 낳는다.

■ 갑작스러운 몸 컨디션 점검 시도

'나 어딘가 좀 아픈가?'라며 불필요한 의심을 하기 시작하면 진짜 통증처럼 느껴질 수 있다. 실제로 대회 직전에 '무릎이 약간 시리다', '종아리가 땡긴다'는 증상을 호소하는 사람이 많지만, 대부분 심리적 긴장과 관련된 허상이다. 실제 부상이라면 이미 몇 주 전부터 통증이 나타났을 것이다. 오히려 지금은 불안을 내려놓고 평소처럼 가볍게 몸을 유지하는 게 중요하다.

이 일주일은 그동안 쌓아온 루틴을 그대로 잘 유지하는 것만으로도 성공이다. 하지 말아야 할 것을 하지 않는 것, 불안을 자극하지 않는 것, 컨디션을 흩뜨리지 않는 것이 이 시기의 핵심이다. 괜히 뭔가를 더 하려 하지 말자. 지금은 안 하는 게 더 어려운 시기다.

★ **러너임바의 한 줄 참견**

"대회 7일 전, 가장 중요한 훈련은 '아무것도 안 하려는 용기'다."

전날 밤의 준비물 체크리스트

드디어 내일이다. 마라톤 대회 하루 전, 긴장과 설렘이 교차하는 이 시점에 가장 중요한 건 '잊지 않고 챙기는 일'이다. 전날 밤의 준비는 단순히 가방을 싸는 수준을 넘어, 정신적 루틴을 정리하고 불안 요소를 최소화하는 마지막 과정이다. 다음 날 새벽에 정신없이 허둥대지 않으려면 지금 차분하게 하나하나 점검해야 한다.

■ **필수 준비물 목록**(체크리스트로 활용하세요)

- 러닝화(자주 신던 신발, 끈은 다시 확인)
- 러닝 양말(두께, 발목 높이 등 평소 착용하던 것)
- 러닝복(기온에 맞는 상하의, 이너 포함)

- 번호표(배번)+안전핀 4개 또는 전용 클립
- 시계 또는 스마트워치(충전 완료 확인)
- 보급 젤(개수, 섭취 타이밍 체크)
- 러닝 벨트 또는 보급용 파우치
- 귀마개, 선글라스, 모자(개인 스타일에 따라)
- 로션/바셀린(허벅지, 겨드랑이, 발가락 등 마찰 부위)
- 방풍용 얇은 겉옷 또는 비닐 가운(대회 전까지 보온용)
- 대회장에서 나눠준 물품 수령 안내서(코스맵 포함)
- 물품 보관용 투명 비닐백(대회에서 제공되기도 함)
- 여벌 옷(완주 후 갈아입을 속옷, 티셔츠, 겉옷)
- 현금 또는 교통카드, 신분증(필요시)
- 핫팩, 선크림, 테이핑(개인 필요시 선택)

■ 배번표는 어떻게 다는 게 좋을까?

대부분의 대회는 배번표(번호표)를 배부하면서 안전핀 4개를 함께 제공한다. 이 배번은 상의의 앞면 정중앙, 배꼽보다 약간 위쪽에 평평하게 고정하는 것이 가장 좋다. 옷이 너무 얇거나 배번이 크면 클립형 고정 장치를 따로 구비하는 것도 방법이다. 러닝 중 배번이 흔들리면 의외로 거슬리기 때문에 반드시 네 귀퉁이를 모두 단단히 고정해주자.

■ 복장에 관한 마지막 팁

아침에는 춥고, 뛸 때는 덥다. 이 진리를 잊지 말자. 대회 당일 날씨가 애매할 경우, 이너웨어와 얇은 겉옷을 조합해서 '벗을 수 있는 구조'를 만드는 것이 핵심이다. 날씨가 흐리거나 비가 올 경우에 대비해 투명 비닐 가운을 준비하면 스타트 대기 시간 동안 체온 유지에 큰 도움이 된다.

'뛸 때는 최대한 가볍게, 기다릴 때는 최대한 따뜻하게'가 기본 원칙이다.

■ 물품 보관소 이용법

대부분의 마라톤 대회는 '물품 보관소'를 운영한다. 전용 비닐백을 제공하며, 대회장에 도착하자마자 이곳에 여벌 옷과 개인 짐을 맡기게 된다. 주의할 점은 '너무 늦게 맡기지 말 것'. 대회 시작 직전에는 대기 줄이 매우 길어질 수 있다. 여유 있게 30~40분 전에 도착해 정리하고, 손에 들고 뛸 것과 보관소에 맡길 것을 미리 구분해두자.

대회는 이미 여러 번 시뮬레이션을 했다고 생각하자. 전날 밤의 체크리스트는 단순한 '준비'가 아니라, 내일을 미리 살아보는 연습이다. 챙겨야 할 건 많지만, 이 과정을 통해 긴장은 줄어들고 자신감은 올라간다. 무조건 가볍게, 그리고 단단하게 준비하자.

★ 러너임바의 한 줄 참견

"마라톤 준비는 가방을 싸는 게 아니라, 불안을 정리하는 일 이다."

대회 당일 아침 루틴:
몇 시에 일어나고, 뭘 먹어야 할까?

드디어 마라톤 당일 아침이다.

이른 새벽 어둠 속에서 눈을 뜨는 순간부터 대회는 시작된다. 사실 달리기보다 어려운 게 바로 이 아침 루틴이다. 너무 늦으면 허둥대고, 너무 일찍 일어나면 체력이 소모된다. 마라톤의 아침은 생각보다 조용하고, 생각보다 빠르게 지나간다. 그래서 하나하나 계획적으로 움직여야 한다.

■ **이상적인 기상 시간은?**

대부분의 마라톤은 오전 8시 전후에 출발한다. 이상적인 기상 시간은 출발 세 시간 전, 즉 오전 5시쯤이다. 최소한 일어나서 식사하고, 화장실 가고, 옷 입고, 출발선까지 이동하는 시간까지 여유 있게 확보해야 한다. 대중교통을 이용한다면 이동 시간까지 계산해서 더 일찍 일어나는 것이 좋다.

■ 아침 식사는 꼭 해야 할까?

답은 '예'다.

하지만 양과 내용이 중요하다. 대회 출발 두 시간 전까지는 식사를 마치는 것이 좋다. 식사는 익숙한 것으로 준비하되, 너무 무겁지 않게 찰밥, 식빵, 바나나, 삶은 달걀, 미숫가루 등 소화가 잘되는 음식을 중심으로 300~500kcal 정도가 적당하다. 이때 새로운 보충제나 프로틴 파우더 같은 것은 절대 금물. 위장이 불편하면 경기 내내 컨디션이 흔들린다.

■ 가장 중요한 건 '화장실'이다

러너들 사이에서 마라톤 당일 아침의 가장 큰 미션은 화장실이라는 말이 있다. 장거리 러닝 전에는 반드시 배변을 마쳐야 한다. 이게 되느냐 안 되느냐에 따라 레이스의 질이 완전히 달라진다. 커피나 미지근한 물 한 잔을 마시고, 평소처럼 화장실에 앉아보는 루틴이 필요하다. 중요한 건 '시간을 들여 기다릴 수 있는 환경'이다.

그리고 꼭 알아둬야 할 것. 대회장 근처에는 화장실이 별로 없다. 있긴 하지만 턱없이 부족하고 줄이 길다. 100명 이상이 줄을 서는 광경도 흔하다. 따라서 숙소나 집에서 미리 해결해두는

것이 가장 좋고, 여의치 않다면 지하철역이나 대회장 인근 공공
화장실을 미리 탐색해두는 것도 팁이다.

■ 옷은 어떻게 입어야 할까?

앞에서도 말했지만 아침은 춥고, 뛸 땐 덥다. 얇은 겉옷이나
버릴 수 있는 비닐을 준비해서 보온을 유지하되, 출발 직전에
벗고 가볍게 달릴 수 있도록 준비하자. 배번을 보이게 하고, 움
직일 때 불편하지 않은지 최종 점검까지 꼭 하자. 손에 들고 있
는 보급 젤이나 워치, 이어폰 등도 사소한 불편이 기록에 영향
을 줄 수 있다.

■ 워밍업은 해야 하나?

풀코스 마라톤은 "워밍업을 많이 할수록 손해"라는 말도 있
다. 하지만 가벼운 스트레칭과 체온을 올리는 정도의 동작은 필
수다. 대회장 근처에서 가볍게 조깅을 5~10분 정도 하거나, 종
아리와 허벅지 중심의 스트레칭으로 몸을 풀어주면 좋다. 다만,
너무 땀이 날 정도의 워밍업은 체력 소모로 이어질 수 있으니
주의.

이 아침 루틴은 단순한 하루의 시작이 아니다. 내 몸과 마음
을 대회에 맞게 세팅하는 시간이다. 평소 연습 때처럼 익숙한
패턴을 유지하고, 어떤 돌발 변수에도 당황하지 않도록 여유를

가져야 한다. 그러니 늦지 말고, 너무 앞서지도 말고, 익숙하게 나만의 아침을 만들어가자.

★ 러너임바의 한 줄 참견

"레이스는 출발선에서 시작되지만, 성공은 새벽 화장실에서 결정된다."

출발선 앞에서 생기는 흔한 실수들

출발선 앞, 대기 시간은 이상하게도 평소보다 훨씬 긴장된다. 마치 중요한 면접을 앞둔 입사 지원자처럼, 아무리 준비해도 막상 그 자리에 서면 심장이 먼저 반응한다. 몸은 준비됐다고 생각했는데, 막상 그 자리에 서면 모든 게 낯설고 불안하다. 이 순간, 러너들은 예상치 못한 실수를 저지른다. 긴장은 판단력을 흐리고, 흥분은 페이스를 무너뜨린다. 출발선 앞에서 자주 일어나는 실수들을 미리 알고 대비해두자.

■ 긴장해서 호흡이 가빠지는 경우

심장이 들썩이고, 숨이 가빠지며, 괜히 다리가 후들거리는 기분이 든다. 대부분 실질적인 과호흡보다 심리적 긴장 상태가 만드는 '위장된 과호흡'이다. 숨이 찬 게 아니라 생각이 바빠진 것. 이럴 땐 숨을 길게 들이쉬고 천천히 내쉬며, 머릿속으로 '어차피 앞사람 다 잡을 거야' 같은 가벼운 농담이라도 던져보자.

■ 초반에 무리해서 튀어나가기

앞사람이 비행기처럼 나가면, 본능적으로 같이 따라붙는다. 그러나 초반 1~2km는 몸이 아직 덜 깨어 있는 시간이다. 이때 전속력으로 달리면 나중에 대가를 치른다. "속도가 아니라 거리다"라는 주문을 외우며, 초반은 반드시 '지루하다는 느낌'이 들 정도로 천천히 시작하자. 마라톤은 벼락치기 시험이 아니라 긴 논술 시험이다.

■ 스타트 전 보급을 놓치는 실수

보급 젤이나 물 한 모금 들고 있다가 갑자기 움직이는 줄에 밀려 허겁지겁 출발하는 경우가 많다. "에잇, 그냥 가자" 했다가 10km쯤에서 후회하게 된다. 출발선 앞 15~20분 전, 사람이 덜 북적거릴 때 여유롭게 보급을 마치자. 손에 뭘 들고 출발하는 것만큼 귀찮은 건 없다.

■ GPS 시계 스타트 오류

워치 스타트 버튼을 누르지 못해, 첫 500m가 증발하는 참사가 발생한다. 혹은 너무 일찍 눌러버려 가만히 서 있던 시간이 러닝으로 기록되기도 한다. '자동 일시 정지 기능'은 반드시 꺼두자. 워치도 떨리는 건 알겠지만, 출발선 앞에선 러너만큼 침착해야 한다.

■ 배번, 옷, 신발 최종 점검 안 하기

출발 직전에 신발 끈이 느슨하거나 배번이 삐뚤게 붙은 걸 발견하면 꽤나 당황스럽다. '이럴 줄 알았으면 어제 확인할걸……' 하고 후회가 시작된다. 뛰기 전 30초만 투자해 옷매무새, 끈, 젤 파우치 위치를 다시 한번 점검하자. 마라톤에서 가장 피곤한 10초는 달리다가 중간에 멈춰서 끈을 다시 묶는 그 순간이다.

■ 대기 중 체력 낭비

마치 체조 시간인 것처럼 계속 다리를 들어 올리고, 제자리 뛰기를 하며 체력을 소모하는 경우도 있다. 초조함은 알겠지만, 대회장은 헬스장이 아니다. 최대한 몸을 따뜻하게 유지하며 말없이 버티는 게 '출발선 승자'의 조건이다. 조용한 사람이 멀리간다.

■ 너무 많은 물 마시기

입이 마른 건 마음이 마른 것이다. 이미 식사를 마치고 수분을 섭취했다면, 출발 직전에 물을 들이붓는 건 오히려 복통과

화장실 문제를 유발한다. 적당히 입을 헹구는 정도로 끝내자. 출발 후 5km만 참으면 공식 급수대가 기다리고 있다.

출발선은 단순한 라인이 아니다. 마음이 튀어나가지 않도록 다잡는 곳, 페이스가 앞서지 않도록 다시 묶는 곳이다. 긴장과 흥분 속에서도 '평소의 나'로 돌아가는 루틴이 있어야 한다. 웃으면서 출발하자, 아직 42.195km나 남았다!

★ 러너임바의 한 줄 참견
"마라톤의 출발선은 심장이 아니라 이성으로 넘어야 한다."

내 페이스는 어떻게 정해야 할까?

마라톤의 출발선에 선 순간, 가장 먼저 하고 싶은 건 단 하나다. 앞으로 달려나가기. 오랜 시간 준비해온 만큼 몸은 가볍고, 마음은 들뜨고, 사람들의 함성과 스타트 음악까지 더해지면 어느새 심장은 시작 전부터 쿵쿵 뛰고 있다. 하지만 마라톤은 '달리는 것'보다 '버티는 것'이 더 중요한 종목이다. 앞으로 달리는 것이 아니라 끝까지 가는 것. 진짜 마라톤은 출발선이 아니라 30km 이후부터 시작된다. 그 구간에서 살아남기 위해서는 반드시 '자기 페이스'를 찾아야 한다.

■ 이상적인 마라톤 페이스는 '지루함'이다

생각보다 많은 러너들이 이 부분에서 착각한다.

"오늘 컨디션이 좋아서 더 빨리 달려도 되겠는데?"

"몸이 가벼워. 오늘은 날아다닐지도 몰라."

하지만 이건 대부분 착각이다. 마라톤은 초반 10km까지는 누구나 좋다. 긴장, 아드레날린, 부스터 다 켜져 있다. 그래서 초반 페이스를 스스로 '느낌으로' 정하면 90%는 무너진다.

진짜 이상적인 페이스는 '살짝 지루하다'고 느껴지는 속도다. 심장이 빠르게 뛰지도 않고, 숨이 찬 것도 아니며, 다리도 무겁지 않지만 어딘가 심심한 리듬. 이게 바로 마라톤 페이스의 정답이다.

■ 페이스는 '계산'으로 정하는 것이다

운동 감각만으로 뛰는 러너는 없다. 특히 마라톤처럼 거리와 시간이 긴 종목에서는 '계산된 준비'가 곧 '예방주사'다. 가장 간단한 방법은 최근 자신의 10km 또는 하프 마라톤 기록을 기준으로 마라톤 예상 기록을 계산하는 것. 예를 들어 10km를 50분에 주파한다면, 풀코스는 약 4시간 10~20분 페이스를 목표로 삼는 게 안전하다. 물론 요즘엔 러닝 전용 계산기(페이스 컨버터)들이 많다. 하지만 거기서 나온 숫자는 '가장 이상적인 조건'에서의 예측값이다. 그러니까 실제 페이스는 그보다 '조금 느리게' 잡는 것이 현명하다.

초보자라면 마라톤 목표 페이스보다 5~10초 느리게 시작해 20km까지 몸의 반응을 살피며 조절하는 것이 좋다. "너무 빨라서 망했다"는 말은 있어도 "너무 느려서 망했다"는 말은 거의 없다. 첫 10km에서 1분 아끼면, 후반 10km에서 5분을 잃을 수도 있다.

■ 전반은 참아야, 후반에 웃는다

마라톤은 전반에 이기는 게임이 아니다. 30km 이전까지는 절대 승부를 걸지 말 것.

"하프까진 좋았는데 후반에 무너졌어요."

이 말은 마라톤 대회 끝나고 가장 흔하게 들리는 탄식이다. 전반 5km를 목표 페이스보다 20초 빠르게 달리면 후반 10km에서 1분 이상 무너질 가능성이 생긴다. 조금 더 가면 발끝이 먼저 반항하고, 허벅지 근육이 경직되고, 급기야는 '왜 이걸 시작했을까?' 하는 철학적인 고민까지 시작된다.

마라톤은 상반기 우등생보다 하반기 꾸준생이 승리하는 스포츠다. 초반 5km에서의 '절제력'이 후반 5km에서의 '존버력'을 만든다.

■ 날씨를 고려하지 않으면 모든 계산이 무의미해진다

페이스는 '컨디션+환경'의 합이다. 특히 날씨는 마라톤의 가장 큰 변수다. 기온이 18도를 넘기 시작하면, 페이스는 무조건 낮춰야 한다. 왜냐하면 체온 조절이 운동 수행 능력을 좌우하는 가장 핵심적인 요인이기 때문이다.

예를 들어 평소 5:00/km로 달리던 사람도 날씨가 20도 이상 올라가면 5:10~5:20/km 정도로 느리게 달려야 한다. 습도까지 높다면 30초 이상도 느리게 잡을 수 있다. 그게 '실력 없는 러너'라서가 아니라, '살아남을 줄 아는 러너'이기 때문이다.

보급 지점도 반드시 활용해야 한다. 물을 마시는 건 단순히 수분 보충이 아니라 열 조절 시스템을 위한 연료다. 물을 안 마시고 달리는 사람은, 출발선에 서기 전부터 무기를 하나 내려놓은 셈이다.

■ 그룹 러닝은 양날의 검이다

대회마다 공식 페이스메이커가 있다. 그들을 따라 뛰면 리듬을 잡기 좋고, 심리적으로 안정도 된다. 하지만 그 페이스가 내 몸과 맞지 않는다면 독이 될 수도 있다. 특히 페이스 그룹에서 떨어졌다고 자책하거나, 다시 따라붙기 위해 무리하는 경우가 많다. 그건 마치 자전거 경주에서 내 기어비도 확인 안 하고 업힐을 시도하는 것과 같다.

절대 타인의 리듬에 나를 맞추지 말자. 내 페이스는 내가 만든다. 내 마라톤은 내 발로 설계해야 한다. 그래야 실패하더라도, 끝나고 후회 없는 레이스가 된다. 숫자보다 먼저, 몸의 감각을 믿자. 기록 장비가 발달하면서, 요즘은 누구나 스마트워치를 찬다. 초당 페이스, 평균 속도, 실시간 심박수까지 알려주지만 진짜 정답은 '내 몸이 말해주는 신호'에 있다. 예를 들어 숨이 가쁜데 시계는 정상일 수 있다. 그럴 땐 숫자를 믿기보다, "지금 이 페이스를 30km까지 유지할 수 있을까?"라는 질문을 해보는 게 더 정확하다.

심박계도 완벽하지 않다. 기기 착용 위치, 땀, 피부 반응에 따라 수치가 다르게 나오기도 한다. 그래서 나는 5km마다 한 번씩 내 발걸음과 호흡을 점검한다. '과하지 않은지, 너무 가볍지는 않은지, 리듬이 안정적인지.' 이 세 가지를 스스로에게 묻는 시간이 페이스의 정답을 알려준다.

■ 마라톤 페이스는 나를 얼마나 잘 아느냐의 문제다

마라톤은 속도의 경주가 아니라 자기 자신과의 대화다. 조급해질수록 망하고, 잘 참고 기다릴수록 성공에 가까워진다. 지금 1km를 빨리 달리는 게 중요한 게 아니다. 42.195km 전체를 내 컨디션대로 끝까지 가는 것, 그게 진짜 마라톤이다.

어쩌면 페이스란, 러너가 자신을 얼마나 솔직하게 이해하고 있는지를 보여주는 지표인지도 모른다. 누군가는 빠른 게 자신이고, 누군가는 느리지만 멈추지 않는 게 자신이다. 그걸 인정하는 순간, 우리는 숫자가 아닌 사람의 리듬으로 달릴 수 있다.

★ 러너임바의 한 줄 참견

"빠른 발보다 정확한 시계가 마라톤을 완주시킨다."

후반 10km를
무너지지 않기 위한 마음 관리법

마라톤의 진짜 승부는 32km 이후부터 시작된다고 말한다. 그 전까지는 연습이었고, 남은 10km가 진짜 마라톤이라는 것이다. 실제로 많은 러너들이 '30km의 벽'이라는 말에 고개를 끄덕인다. 그 이유는 단순하다. 그 지점부터 체력, 근육, 정신력, 모든 것이 동시에 시험대에 오르기 때문이다. 그리고 이 후반 10km를 잘 넘기기 위한 핵심은 '마음의 기술'이다.

■ 무너지기 시작하는 건 다리가 아니라 마음이다

30km를 넘기고 나면 다리에서 신호가 온다. 근육통, 뻣뻣함, 무거움, 때론 쥐도 난다. 하지만 그보다 더 먼저 무너지는 건 '마음'이다. "이 페이스를 끝까지 못 가져갈 것 같아", "여기서 조금

만 줄이자", "잠깐 걷고 다시 뛰자"는 속삭임이 머릿속을 파고
든다. 이건 내가 약해서가 아니라 '정상적인 반응'이다. 오히려
이런 생각이 안 드는 게 이상하다. 문제는 이 목소리에 굴복하
느냐다.

■ 진짜 승부는 지금부터다

후반 10km는 육체와 멘탈이 동시에 흔들리는 구간이다. 하
지만 잘 생각해보자. 출발할 때 목표했던 기록, 가족이나 친구
에게 했던 다짐, 지금까지의 훈련을 떠올리면 '이쯤에서 포기할
수는 없다'는 마음이 분명히 있다. 이 시점에서 해야 할 일은 단
순하다. "한 발만 더, 1km만 더"라고 계속 나에게 주문을 걸자.
마라톤은 한 번에 42km를 뛰는 것이 아니라, 1km를 42번 반복
하는 일이다.

■ 훈련보다 더 중요한 것은 '셀프 토킹'

많은 러너들이 이야기한다. 후반 10km는 다리에 남은 힘보
다 머릿속에서 들리는 자기 대화가 더 중요하다고. 이때 필요한
건 '긍정적인 암시'다. "이 감각, 익숙해. 나 이만큼 훈련했잖아",
"조금만 더 참자, 곧 다시 편해질 거야" 같은 말은 실제로 호흡
을 안정시키고 리듬을 회복하는 데 도움이 된다. 중요한 건 이
말을 계속 반복하는 것이다. 듣다 보면 정말 믿게 된다.

■ 눈은 먼 곳이 아니라 바로 앞을 보자

후반부에서 심리적으로 무너지는 이유 중 하나가 '아직 10km 나 남았어……' 하는 거리감이다. 그래서 페이스메이커나 푯말을 보면서 괜히 멀게 느껴질 수도 있다. 이럴 땐 시선을 당장 앞의 발걸음, 50m 전방 혹은 1km 간격의 마일 스플릿에 집중해 보자. 머릿속의 목표를 '작게 쪼개는 것'이 후반 마라톤에서 가장 유용한 전략이다.

■ 고통은 끝나지만 기록은 남는다

지금 이 순간의 고통은 대회가 끝나면 놀랍게도 사라진다. 하지만 오늘 이 순간의 선택 — '좀 더 참을까, 아니면 속도를 줄일까?' — 은 기록으로 남는다. 완주 후 가장 아쉬운 말은 "조금만 더 버틸걸"이다. 그렇다면 지금의 선택은 분명하다. 나중에 후회하지 않기 위해, 한 번만 더 밀어붙이자. 지금 이 순간이 '기록을 만드는 순간'이다.

■ 보급은 전략적으로, 휴식은 과감하게

후반부에는 보급이 더욱 중요하다. 젤이나 물 섭취는 마치 '멘탈 보조제' 같은 효과가 있다. 혀끝에 단맛이 들어오면 뇌가 다시 살아난다. 보급 지점에서는 확실하게 섭취하고, 걷더라도 30초 이내로 짧게 끊자. 휴식은 악이 아니라 전략이 될 수 있다. 다만, 그 시간이 길어지면 마음이 무너진다.

■ 자신과의 약속을 다시 떠올릴 시간

마라톤을 준비하면서 스스로에게 했던 약속이 있을 것이다.

"나는 이번엔 꼭 완주한다."

"서브4는 내 인생 목표야."

"다시는 중도 포기하지 않겠어."

그 약속을 다시 한번 떠올리자. 누군가에게 들려주지 않았더라도, 그 다짐은 분명 내 안에 남아 있다. 후반 10km는 그 약속을 증명하는 시간이다.

결국 마라톤의 마지막 구간에서 필요한 건 근육이 아니라 마음의 끈기다. 러너에게 가장 필요한 건 다리의 힘이 아니라 포기하지 않겠다는 근거 없는 자신감이다. 놀라운 건, 이 근거 없는 자신감이 후반 10km를 완주하게 만든다는 점이다. 진짜 마라톤은, 지금부터다.

★ 러너임바의 한 줄 참견

"근육은 30km에서 멈춰도, 마음은 42km까지 데려다준다."

결승선을 넘은 뒤
반드시 해야 할 회복 루틴

축하한다. 42.195km를 달렸다. 이제 당신은 마라토너다. 결승선을 지나며 느낀 그 벅참, 가슴속에서 쿵 내려앉는 성취감. 그런데 이상하게도 그 기쁨은 5분도 지나지 않아 다리에 고스란히 통증으로 전달된다. 그리고 현실은 냉정하다. "지하철역이 도대체 왜 이렇게 멀지?"라며 다리를 절뚝이며 걷는 사람들, 주변엔 온통 마라토너 좀비들로 가득하다. 이때부터가 진짜 회복 루틴의 시작이다.

■ 완주 직후, '걸어야 한다'

결승선에서 멈추고 바닥에 주저앉고 싶은 마음은 백번 이해된다. 하지만 지금 무릎을 꿇으면 정말 일어나기 힘들어진다.

완주 직후 가장 먼저 해야 할 건, 천천히 걷기다. 5~10분 정도 걷는 것만으로도 근육에 쌓인 젖산이 빠르게 흘러나간다. 걷기 귀찮다고 바로 바닥에 앉거나 누우면, 그다음 순간 '기립 불능' 상태가 되는 건 시간문제다.

■ 물과 보급식, 순서가 있다

도착 후 제공되는 음료나 바나나, 스포츠 젤은 무조건 섭취하자. 단, 순서를 생각해야 한다. 물→당분→단백질 순으로 섭취하면 흡수가 훨씬 자연스럽다. 탈수가 심한 경우엔 이온 음료가 더 효과적이고, 입맛이 없다면 바나나나 미숫가루 같은 간단한 당질로 먼저 위를 달래자. '뭐든 먹고 싶은 대로' 먹으면 속이 놀랄 수 있다.

■ 마른 옷으로 갈아입기

대회 종료 후 아주 빠르게 체온이 떨어진다. 땀으로 젖은 옷을 계속 입고 있으면 저체온 증상이 올 수 있다. 그래서 여벌 옷은 필수다. 화장실, 물품 보관소, 운동장 구석 어디든 가서 빠르게 상의부터 갈아입자. 특히 바람막이나 후드티 같은 도톰한 겉옷 하나는 진심으로 고마워질 것이다.

■ 스트레칭은 간단히, 무리하진 말 것

완주 직후 바로 스트레칭을 하는 게 좋지만, 지나친 강도는 오히려 근육에 손상을 줄 수 있다. 허벅지, 종아리, 햄스트링 중심으로 '가볍고 짧게' 하자. 10~15초 정도 유지하는 선에서 마무리하는 게 가장 안전하다. 몸이 덜 풀렸는데 무리한 스트레칭은 독이 된다.

■ '달리던 사람' 티를 내지 말자

지하철역까지 절뚝이며 걷는 러너들 사이에선 공통의 동질감이 생긴다. 누군가는 표정만 봐도 오늘 풀코스를 뛴 사람인지 알아본다. 계단 앞에서 한숨 쉬며 다리에 손을 얹고, 에스컬레이터에서 비틀거리며 균형 잡는 모습은 모두의 '마라톤 후일담'이다. 어차피 다들 알아본다. 그러니 조심스럽게, 당당하게 걸어가자.

■ 찜질, 샤워, 식사 타이밍

가능하다면 도착 후 한 시간 이내에 따뜻한 샤워 또는 족욕을 하는 것이 가장 좋다. 혈액 순환이 원활해지고 회복 속도가 빨라진다. 샤워 후에는 간단히 밥이나 죽, 국수 등으로 위를 편하게 채워주자. 단백질은 그다음. 회복을 돕는 가장 좋은 방식은 물, 온기, 식사 그리고 낮잠이다. 이상하면 이상한 대로, 컨디션에 맞게 부드럽게 진행하자.

■ 그날 밤은 절대 '무리하지 말기'

마라톤 당일 밤에 친구를 만나거나 외식을 하며 술 한잔하고 싶은 마음이 들 수도 있다. 그런데 그 선택은 다음 날 아침 '괴물 같은 근육통'으로 돌아올 수 있다. 잠을 충분히 자고, 가능하면 일찍 눕자. 가장 좋은 회복은 '잠'이다. 그리고 당신은 충분히 그럴 자격이 있다.

마라톤은 완주가 끝이 아니다. 그 이후의 하루, 아니 그 이후 24시간이 진짜 마라톤의 마지막 구간이다. 회복을 소홀히 하면 다음 주 훈련은 물론 전체 컨디션에 영향을 준다. 다음 날 지하철 계단 앞에서 울컥하지 않으려면 지금부터라도 회복에 진심이어야 한다.

★ 러너임바의 한 줄 참견

"결승선은 다 왔다고 말하지만, 회복까지 끝나야 진짜 완주다."

대회 이후 일상으로 돌아오기까지

마라톤을 완주한 다음 날 아침, 침대에서 일어나려는 순간 온몸
에서 들려오는 비명. '나 분명 어제 달리기했는데, 오늘은 계단
앞에서 공사장 인부가 된 기분이다.' 근육통은 명예의 증표처럼
남고, 주변 사람들 눈에는 당분간 '살짝 걷는 좀비'로 보인다. 이
런 와중에 고민이 시작된다. '이럴 땐 가만히 쉬는 게 맞을까?
아니면 가볍게라도 다시 뛰는 게 좋을까?' 정답은 단 하나가 아
니다. 하지만 회복에도 방향은 있다.

■ 첫날은 무조건 쉬어야 한다

대회 다음 날은 '회복에 올인하는 날'로 삼는 게 맞다. 근육에
는 미세한 손상이 생겨 있고, 에너지 저장소인 글리코겐도 거의

바닥난 상태다. 이 시점에 억지로 다시 뛰는 것은 회복을 더디게 만들 뿐이다. 걷는 것조차 힘들다면, 그냥 침대에서 천천히 일어나고, 스트레칭과 가벼운 마사지 정도로 하루를 보내자. 이건 '게으름'이 아니라 '과학적 전략'이다.

■ 둘째 날, 가벼운 활동은 가능하다

근육통이 조금 누그러들었다면 둘째 날은 걷기부터 시작해보자. 20~30분 정도 산책하거나, 계단 오르기를 천천히 반복하면서 다리의 혈액 순환을 유도하는 것이다. 이때도 절대 무리하지 말고 '조금 걸으니 피곤해졌다'는 순간, 멈추는 것이 핵심이다. 가벼운 요가나 스트레칭도 좋다. 단, 뛰지 말자. 아직은 아니다.

■ 셋째 날부터 '걷기+조깅' 가능

컨디션이 괜찮고 근육통이 크게 없다면, 셋째 날은 20~30분 정도의 아주 가벼운 조깅을 시도할 수 있다. 페이스는 조깅 중에서도 가장 느린 속도로, 호흡에 전혀 무리가 없고 대화가 가능한 수준이 적당하다. 이때 가장 중요한 건 '훈련 복귀'가 아니라 '몸 상태 체크'다. 내 몸이 어떤 반응을 보이는지를 느끼는 시간이지, 절대 무언가를 증명하는 시간이 아니다.

■ 회복은 타이밍이 아니라 흐름이다

러너마다 회복 속도가 다르다. 어떤 사람은 3일 만에 다시

10km를 뛸 수 있고, 어떤 사람은 일주일이 지나서야 다리의 무게가 풀리기도 한다. 문제는 '내가 뭘 해야 할까'가 아니라, '내 몸이 뭐라고 말하고 있는가'다. 통증이 지속되거나, 무리 없이 걷는 일이 힘들다면 무조건 더 쉬는 게 맞다. 회복은 수치가 아니라 감각으로 측정해야 한다.

■ 오히려 '쉬는 게 불안한' 러너에게

어떤 러너는 3일 쉬는 것만으로도 불안감을 느낀다. 특히 마라톤 전까지 루틴을 성실하게 지켜왔던 사람일수록 더 그렇다. 하지만 기억하자. 지금 이렇게 쉬는 시간이 있어야 다음 루틴도 지킬 수 있다. 쉬지 못한 러너는 결국 멈추게 된다. 그리고 '3일 안 쉰 것 때문에 3주 쉬게 되는' 경우가 생각보다 흔하다.

■ 식사와 수면은 여전히 회복의 핵심

마라톤 후 며칠간은 훈련보다 식사와 수면이 더 중요하다. 근육이 스스로 회복할 수 있도록 탄수화물과 단백질 섭취를 충분히 해줘야 하고, 깊은 잠을 통해 체내 염증 수치를 낮춰야 한다. 이 시기엔 체중계보다 식탁과 침대를 더 자주 찾아야 한다. '뭘 더 해야 할까'가 아니라 '뭘 덜 해도 괜찮을까'를 고민해야 할 시점이다.

회복은 '가만히 있는 시간'이 아니라 '다시 운동할 수 있게 몸을 준비하는 시간'이다. 무작정 쉬는 것도, 너무 빨리 달리는 것도 회복의 적이다. 마라톤은 하루의 이벤트지만, 그 여운은 최소 일주일은 지속된다. 그 여운을 잘 마무리해야 진짜 마라토너가 된다.

■ 대회 후, 언제 다음 대회에 도전할까?

마라톤을 완주한 후, 많은 러너들이 자연스럽게 "언제 다음 대회에 도전할까?"라는 질문을 한다. 그동안 훈련과 대회를 준비하면서 달렸던 목표 하나가 달성되었으니, 이제 다음 목표로 나아가고 싶은 마음은 누구나 이해할 수 있다. 하지만 여기서 중요한 것은, 단순히 '다음 대회'를 잡는 것이 아니라, 지금 내 몸과 마음이 준비되어 있는지를 판단하는 것이다. 마라톤 후 회복이 제대로 이루어지지 않으면, 몸은 물론 정신적으로도 큰 타격을 받을 수 있다.

대회 후 언제 도전할지에 대한 결정은 다소 개인적인 선택이지만, 체계적이고 전략적인 접근이 필요하다. 그럼 마라톤을 뛰고 난 후 어떤 기준으로 다음 대회 도전 여부를 정할 수 있을지, 구체적으로 알아보자.

■ 마라톤 후 회복 기간의 중요성

대회 직후, 대부분의 마라톤 러너는 근육통과 피로감을 경험한다. 특히 42.195km의 거리를 완주하면서 몸은 여러 가지 미세한 손상으로 인해 근육 회복, 에너지 보충, 체내 염증 처리 등의 과정이 필요하다. 이는 마라톤이 단순히 신체적인 운동을 넘어 극한의 체력 소모이기 때문이다. 마라톤 후 회복이 중요한 이유는, 제대로 된 회복 없이는 다음 훈련이 원활하게 이루어지지 않기 때문이다.

회복 기간을 충분히 갖지 않으면, 대개 다음 대회에서 좋은 성과를 거두기 어려운 경우가 많다. 일부 러너들이 "회복도 훈련이다"라는 말을 하는 이유도 여기에 있다. 몸이 회복되지 않으면 체력 소모가 커지고, 결국 부상을 초래할 수 있다. 그렇기 때문에 대회 후 최소 3주 이상의 회복 기간을 두는 것이 좋다. 이 기간 동안은 가벼운 활동을 통해 몸을 풀면서, 전반적인 회복 상태를 체크해야 한다.

■ 대회 후 최소 회복 기간

3주에서 6주 정도의 회복 기간을 추천한다. 첫 번째 마라톤을 뛴 후에는 4주 이상의 회복 기간을 두는 것이 이상적이다. 왜냐하면 초보 러너는 몸에 상당한 부담을 주었을 가능성이 크기 때문이다. 대회 후에는 근육과 관절의 염증, 발목이나 무릎의 미세한 손상 등이 있을 수 있다. 따라서 첫 마라톤을 끝낸 후에는 반드시 충분한 휴식을 취하고, 이 기간 동안 훈련을 강하게 재개하는 것은 위험할 수 있다.

이 기간 동안은 풀코스가 아닌 가벼운 조깅과 걷기로 몸을 풀어주면서, 자주 스트레칭을 하고, 근육에 지나치게 자극을 주지 않도록 해야 한다. 또한 주기적인 근력 운동이나 유연성 훈련을 통해 대회 후에도 체력을 유지할 수 있다.

■ 회복 후 훈련 재개

회복 기간을 마친 후, 훈련을 재개할 때는 서서히 몸을 다시 풀어주어야 한다. 초반에는 저강도 훈련을 하면서 자신의 몸 상태를 점검해야 한다. 훈련 강도와 거리는 조금씩 늘려가되, 무리하지 말고 점진적으로 훈련량을 올려야 한다. 회복 후 훈련 재개 시 가장 중요한 것은 자신의 몸 상태를 제대로 파악하는 것이다. 몸이 피곤하거나 다리가 무겁다면 무리하게 훈련하지 말고, 하루 정도 더 쉬는 것이 좋다.

마라톤을 뛰고 나서 회복 후에는, 빠르게 다음 대회를 잡기보다 자신이 느끼는 몸의 회복 상태와 체력 수준을 기반으로 훈련량을 조절하는 것이 필요하다.

■ 대회 간격의 기준

경험자라면 대회 간격을 2~3개월로 설정하는 것이 이상적이다. 왜냐하면 마라톤은 체력 회복과 정신적인 준비가 중요한 운동이기 때문에, 너무 자주 대회를 뛰는 것보다는 훈련과 회복의 주기를 잘 지키는 것이 중요하다. 대회 간격이 너무 짧으면 오히려 체력이 떨어지고, 부상 위험도 커질 수 있다.

예를 들어 첫 마라톤이라면 6주 정도의 휴식과 회복을 거친 후, 두 번째 마라톤을 준비하는 것이 좋다. 이때 첫 대회와 두 번째 대회는 목표 기록에 차이가 있을 수 있다. 첫 번째 마라톤을 단순히 완주했다면, 두 번째 마라톤에서는 기록 도전을 목표로 훈련을 다시 시작할 수 있다.

■ 마라톤 후, 다른 거리의 대회에 도전하기

마라톤을 완주한 뒤, 바로 다시 풀코스에 도전할 준비가 되지 않았다면 하프 마라톤이나 10km 대회에 도전해볼 수도 있다. 이런 대회들은 체력적인 부담이 덜하고, 더 짧은 거리에서 스피드와 페이스 조절 훈련을 할 수 있기 때문이다. 마라톤의 긴 거리보다는 짧고 강도 높은 훈련을 통해 스피드 훈련에 집중하는 것이 좋을 수 있다.

특히 마라톤 후에는 심리적인 피로도 있기 때문에, 짧은 거리의 대회로 복귀해 자신감을 쌓은 다음에 풀코스를 준비하는 것도 좋은 방법이다. 하프 마라톤이나 10km는 기록 갱신의 기회가 되고, 보다 짧은 기간 내에 결과를 볼 수 있다는 장점이 있다.

■ 훈련 재개 후, 목표 설정

훈련을 재개한 후에는 자신의 목표를 다시 설정해야 한다. 예를 들어 서브4 또는 서브3가 목표라면, 각자의 기록에 맞는 훈련 루틴과 계획을 세워야 한다. 마라톤 후에는 체력 회복 훈련이 중요하므로, 지나치게 목표 기록에 집착하지 않고 자신이 목표로 할 수 있는 범위 내에서 도전하는 것이 좋다.

■ 나의 몸을 먼저 살펴보자

어떤 목표가 아무리 중요하다 해도 자기 몸 상태를 체크하는 것이 가장 먼저다. 특히 부상이나 과훈련 증후군이 있을 경우, 무리하게 대회를 잡기보다는 회복을 우선적으로 고려하는 것이 중요하다. 몸 상태를 항상 체크하고, 가능하면 전문가에게 체계적인 진단을 받는 것도 좋은 방법이다.

■ 결론

마라톤을 완주한 후, 언제 다음 대회에 도전할지에 대한 결정은 매우 신중해야 한다. 회복하는 데 여유 있게 시간을 두고, 자신의 몸이 준비될 때까지 충분한 시간을 할애하는 것이 가장 중요하다. 대회 후에 너무 빨리 다른 대회를 잡지 말고, 회복과 훈련을 차근차근 이어가면서, 몸과 마음의 균형을 맞추는 것이 성공적인 마라토너로 성장하는 핵심이다. 대회 간격을 적절히 설정하고 그에 맞춰 훈련을 진행한다면, 더 나은 기록을 만들 수 있을 것이다.

★ 러너임바의 한 줄 참견

"쉬는 건 훈련의 반대말이 아니라, 훈련의 완성이다."

제7장

러너의 마음과 철학

러닝을 통해 배운 인생 태도

나는 원래 포기 전문가였다. 100일 프로젝트는커녕 3일 챌린지도 버거웠다. 헬스장 등록은 했지만 한 달에 세 번만 가면 다행이었고, 온라인 강의는 1강 듣고 '그래, 이건 나중에'로 저장해뒀다가 다시는 열지 않았다.

그런데 그런 내가, 웬일로 달리기를 매일같이 하게 될 줄이야. 아니, 매일 뛰는 것도 모자라서 마라톤이라는 고통의 스포츠를 '자발적으로' 시작하게 될 줄이야.

그 변화의 중심엔 '러닝'이 있었다. 처음엔 조깅으로 시작했지만, 어느새 훈련 루틴이 생기고, 주말마다 긴 거리를 달리며 나도 모르게 러너의 삶에 스며들고 있었다. 그 모든 과정에서 가장 크게 달라진 건 내 인생 태도였다. 뭘 하든 금방 지겨워하던 내가 지금은 "오늘 몇 km?"를 먼저 묻고, 힘든 날에도 러닝화를 신는다. 어떻게 된 일일까?

■ 포기하던 내가 꾸준함을 배우기까지

사실 처음 달리기를 시작했을 땐, 이걸 얼마나 오래 할 수 있을까 스스로도 의심스러웠다. 더 정확히 말하면, '이것도 분명 조만간 때려치우겠지' 하는 기대(?)가 있었다. 하지만 이상하게도 달리기는 그 기대를 조금씩 깨뜨렸다. 처음 1km를 뛰고 숨이 턱까지 차오르던 날, 이건 무리다 싶었지만, 그래도 며칠 뒤엔 5km, 그다음엔 10km…….. 그렇게 조금씩 거리가 늘었고 빨라졌다.

물론 그 과정이 마냥 달콤하진 않았다. 뛸 때마다 다리가 무거웠고, 심장은 등 뒤에서 북을 치는 듯했고, 매일 아침 일어날 때마다 침대가 내 다리를 사정없이 붙잡았다. 그런데 이상하게도 그 버거움이 반복되다 보니 습관이 되고, 습관이 되니까 포기하기가 점점 어색해졌다. '오늘은 그냥 쉴까?'라고 생각하면서도, 러닝화를 손에 들고 있는 내 모습을 발견하는 일이 많아졌다. 그렇게 나는 조금씩 '꾸준함'이라는, 내 인생에서 가장 어색했던 단어와 친해지고 있었다.

■ 꾸준함은 '재능'이 아니라 '연습'이다

많은 사람들이 말한다.

"너는 그래도 운동 좋아하니까 할 수 있었던 거야."

아니다. 나는 운동을 좋아한 게 아니라, 점점 못 미더운 나를 바꾸고 싶었을 뿐이다. 그리고 그 변화는 화려한 의지나 대단한 동기에서 온 것이 아니라, 그저 '하루를 버티고, 또 하루를 버티는 것'에서 시작됐다.

꾸준함은 한 번에 만들어지는 게 아니다. 수많은 귀찮음, 수많은 포기의 유혹, 수많은 '오늘은 좀……'을 지나쳐야만 조금씩 몸에 스며든다. 마라톤이 그런 꾸준함을 가장 잘 증명해준다. 오늘 5km를 뛴다고 해서 내일 42.195km가 가능한 건 아니다. 하지만 오늘 5km를 참고, 내일도 참고, 한 달을 참고, 석 달을 참고 나면 언젠가는 몸이 말해준다.

"우리 이제 좀 멀리 가도 되지 않을까?"

러닝을 통해 나는 배웠다. 꾸준함은 체력이 아니라 연습에서 온다는 것을. 그리고 그 연습은 포기를 거듭하는 과정이 아니면 절대 만들어지지 않는다는 걸.

■ **고통은 없앨 수 없지만, 다룰 수는 있다**

마라톤에서 가장 확실한 진리. 고통은 온다. 절대, 피할 수 없다. 아무리 훈련을 잘해도, 아무리 영양 섭취를 철저히 해도, 그 30km 이후의 벽은 어김없이 찾아온다. 무릎이 욱신거리고, 종아리는 점점 말없이 항의하고, 폐는 "그만하자"고 속삭인다. 하지만 그런 고통을 견디고 나서 오는 12km는 다르다. 비록 다리는 여전히 무겁지만, 마음은 한층 가벼워진다. 고통을 이겨냈다는 자신감 때문일까. 그 순간 나는 내가 생각했던 나보다 훨씬 더 강하다는 걸 느낀다.

고통은 누구에게나 오지만, 그 고통을 어떻게 받아들이느냐에 따라 결과는 달라진다. 처음엔 단순히 '이걸 참고 버텨야지'였다면, 이제는 '이 고통이 나를 완성시킨다'는 생각으로 바뀌었다. 마치 삶처럼. 살아가다 보면 뜻밖의 고통이 오고, 불안이 몰아치고, 모든 걸 포기하고 싶을 때가 있다. 그런데 러닝은 말해준다. '고통을 넘어서는 순간이 온다'고.

■ 성취는 결과보다 과정의 끝에서 온다

예전의 나는 '결과 중심형 인간'이었다. 시험에 붙었는가? 프로젝트는 성공했는가? 남들이 알아봐주는가? 그런데 마라톤은 내게 완전히 다른 방식의 성취를 가르쳐줬다. 마라톤을 준비하는 동안 수많은 훈련을 소화하고, 수많은 새벽을 지나며 깨달았다. 결과는 중요하지만, 과정 없이는 아무 의미도 없다는 것을.

대회 날 기록을 못 냈다고 해도, 훈련을 열심히 해왔다면 후회는 없었다. 반대로, 준비가 부족했는데 우연히 좋은 기록이 나와도 진짜 기쁨은 덜했다. 진짜 성취는 과정에 있다. 그렇게 나는 결과보다 과정을 즐기는 법을 배웠고, 그 과정에서 나 자신을 믿는 법도 함께 배웠다.

■ 쉽게 포기하던 내가 지금까지 달리는 이유

나처럼 쉽게 포기하던 인간도 달릴 수 있다면, 솔직히 누구나 할 수 있다. 러닝은 '타고난 사람'의 전유물이 아니다. 오히려 '어설픈 사람', '자꾸 멈추던 사람'에게 더 잘 어울리는 운동일지도 모른다. 왜냐하면 이건 작은 목표 하나를 꾸역꾸역 지켜내는 힘으로 이루어지는 운동이니까.

나는 러닝을 통해 스스로를 조금 더 믿게 되었고, 내 삶을 조금 더 천천히, 그러나 꾸준히 밀어붙이는 방법을 알게 되었다. 인생도 그렇지 않은가. 매일매일 목표한 대로 살아지진 않지만, 포기하지 않고 조금씩 나아가는 것. 가끔은 돌아가도 되고, 천천히 가도 되지만, 한 방향으로 계속 간다면 결국 원하는 곳에 도착하게 되는 것. 그게 러닝이고, 그게 지금의 나다.

★ 러너임바의 한 줄 참견

"꾸준함은 천재의 재능이 아니라, 게으른 사람의 위대한 반항이다."

혼자 뛰지만 혼자가 아닌 운동

혼자 조용히 이어폰을 끼고 달리는 러닝. 누구에게도 간섭받지 않고 나만의 호흡과 리듬을 찾으며 세상과 단절된 것처럼 뛰는 그 고요한 시간. 그래서 러닝은 '혼자의 운동'으로 오해받곤 한다. 하지만 내가 러닝을 계속하게 된 가장 큰 이유 중 하나는 바로 이 운동이 생각보다 훨씬 '같이' 하는 운동이라는 것을 깨달았기 때문이다.

나의 러닝 여정에서 가장 큰 전환점은 '목동마라톤교실'에 들어간 순간이었다.

그날 아침, 살짝 긴장된 마음으로 운동장에 도착했을 때 나는 깜짝 놀랐다. 도대체 몇 명이야? 마치 아침 운동을 위해 소집된 부대 같았다. 하지만 그 속엔 서로를 격려하고 웃으며 준비운동을 하는 사람들이 있었다. 그 누구도 경쟁자가 아니었고, 모두가 동료였다.

그곳에서 나는 처음으로 '같이 뛰는 힘'을 경험했다. 혼자서는 절대 하지 않았을 속도 훈련도, 혼자였다면 일찍 포기했을 긴 거리도, 옆에서 함께 뛰는 사람이 있다는 이유만으로 끝까지 가게 된다. 누군가가 내 옆에서 발을 내디디고 있다는 것만으로도, 이상하게 다리가 조금 덜 아프고, 심장이 조금 더 견디는 것 같았다. '나는 지금 혼자가 아니구나'라는 감각이 온몸을 지탱했다.

목동마라톤교실은 단지 훈련을 위한 장소가 아니었다. 거기서 나는 러너로서만 성장한 게 아니라, 사람으로서도 성장했다. 누군가는 나보다 빠르고, 또 누군가는 나보다 조금 느렸다. 그런데 신기하게도, 우리 사이엔 서열이나 우열이 없었다. 빨리 뛰는 사람은 늘 천천히 뛰는 사람을 기다려줬고, 느리게 뛰던 나는 언젠가 저 속도를 따라잡고 싶다는 꿈을 가졌다.

이런 '함께'의 문화는 단순한 훈련 그 이상이었다. 마라톤이라는 긴 싸움을 준비하며, 우리는 서로의 이름을 외우고, 주중엔 서로의 기록을 체크하고, 주말에 운동장 커피를 함께 마시며 각자의 일상을 이야기했다. 비 오는 날은 다들 빗속을 달렸다. 장난처럼 "비 맞고 뛰면 더 정든다니까요!"라고 외치며 서로를 웃게 만들던 그 장면은 아직도 생생하다. 그날 이후로 나는 '같이 뛰는 즐거움'에 더 깊이 빠져들었다.

■ 요즘 러닝 커뮤니티는 점점 다양해지고 있다

젊은 러너들은 러닝 크루를 만들어 패션과 문화, 음악과 함께 하는 러닝을 즐기고, 또 다른 쪽에선 지역 기반의 러닝 클럽이 자리 잡아 훈련 중심의 체계적인 러닝을 하고 있다.

이런 흐름 속에서 각자의 방식대로 러닝을 즐기고 있다는 것 자체가 너무 좋다.

혼자서 달리는 것도 소중하다. 그 안엔 나만의 호흡과 리듬, 감정이 있다. 하지만 마라톤처럼 긴 싸움을 견뎌내는 데에는 함께의 힘이 정말 중요하다.

대회 당일, 출발선 앞에서 옆에 낯익은 얼굴이 있다는 것만으로도 마음이 놓이고, 경기 도중 지나가는 러너와 짧게 눈을 마주치며 응원을 주고받는 그 순간은 고된 훈련보다 더 오래 기억에 남는다.

한번은 대회에서 우연히 목동마라톤교실 동료와 마주쳤다. 그날 나는 컨디션이 썩 좋지 않았다. 숨은 차고, 다리는 무겁고, '오늘은 그냥 완주나 하자'는 생각으로 뛰고 있었는데, 15km 지점에서 그가 내 옆으로 다가오며 말했다. "지금 이대로면 목표 페이스 맞춰요. 힘 좀 더 내보죠!" 나는 그 말 한마디에 무슨 에너지가 솟았는지 다시 달릴 수 있었다. 결국 그날, 나는 예상보다 좋은 기록으로 골인했고, 가장 기억에 남는 건 그 동료의 한마디였다.

러닝은 혼자 하는 운동일 수 있다. 하지만 진짜 러너는 그 속에서 '함께 한다는 것'의 가치를 발견한다. 혼자 시작했지만, 함께 이어가는 것. 이것이 러닝이 주는 가장 큰 선물이고, 마라톤이 단지 기록만을 위한 싸움이 아님을 말해주는 증거다.

★ 러너임바의 한 줄 참견

"혼자 달려도 좋지만, 함께 달리면 길이 조금 더 짧아진다."

나에게 러너란 어떤 사람인가

러너가 된다는 건 단순히 운동 하나를 꾸준히 해냈다는 의미를 넘어서, 어떤 태도로 인생을 대하고 있는지를 보여주는 하나의 상징이다. 마라토너가 된다는 건, 내 삶에 중요한 이정표가 하나 새겨진다는 의미다. 그리고 그 이정표는 매번 나에게 묻는다. "넌 오늘도 달릴 준비가 되었는가?"라는 질문을.

■ 마라톤을 한 번이라도 완주해본 사람은 안다

그 42.195km가 얼마나 벅찬 여정이고, 그 결승선을 넘는 일이 얼마나 의미 있는지를. 그 완주의 순간은 단순한 기록이 아니라, 스스로를 다시 정의하는 선언과도 같다. '내가 해냈다.' 누구도 대신해줄 수 없는 거리, 누구도 채워줄 수 없는 시간, 그 모든 것을 내 두 다리로 버텨낸 사람에게는 자연스럽게 생기는 자부심이 있다.

마라톤은 흔히 말하는 '인생의 축소판'이라는 표현은 전혀 과장이 아니다. 늘 시작은 가볍다. 출발선에서는 다들 각자의 설렘과 기대를 품고 있다. 하지만 몇 킬로미터를 지나면…… 고개가 숙여지고, 호흡이 거칠어지고, 자기 자신과의 싸움이 시작된다. 한 걸음 내딛는 게 무거워지고, 수많은 핑계가 머릿속을 휘젓는다. 그 순간, 나도 모르게 '여기서 그만둘까?'라는 악마의 속삭임이 들려온다. 그러나 또 한 걸음. 그리고 또 한 걸음. 그렇게 도착한 결승선은 단순히 한 경기를 끝낸 게 아니라, 내 인생의 갈무리를 한 기분이다.

러너가 된다는 건, 내 생각엔 자기 삶을 조금 더 진지하게 바라보는 사람이라는 뜻이다. 러너는 스스로 철학자가 된다. 오늘의 내가 내일을 위해 어떤 준비를 해야 할지 고민하고, 피곤한 날에도 마음을 다잡는 법을 배운다. 그냥 뛰는 게 아니다. 그 안엔 '오늘을 나답게 살아내기 위한 의지'가 있다. 그 의지의 흔적들이 쌓여서 러너라는 정체성을 만든다.

일본 작가 무라가미 하루키는 러닝을 사랑하는 것으로 유명하다. 그는 매일 달리며 자신을 다듬고, 소설을 쓰는 에너지를 거기서 얻었다고 이야기한다. 그의 에세이집 《달리기를 말할 때 내가 하고 싶은 이야기》에는 이런 문장이 있다. "나는 달리는 것 외에는 나 자신을 계속 지켜볼 방법이 없다." 나 또한 그렇다. 달리는 동안만큼은 나에게 정직해진다. 핑계를 댈 수 없고, 외면할 수도 없다. 그 고요한 고통 속에서 나는 내가 어떤 사람인지 계속 들여다보게 된다. 그 거울은 너무 커서 피할 수도 없다. 어떤 날은 너무 괴로워서 '도대체 내가 왜 이걸 하고 있나' 싶기도 하지만, 그런 날조차도 결국 지금의 나를 만든다. 그래서 달리는 시간은 단순한 운동 시간이 아니라, '성찰의 시간'이 된다.

■ 나는 러너가 되기 전까지는 늘 조급했다

빨리 무언가를 이뤄야만 안심이 되었고, 잠깐의 실패에도 쉽게 좌절했다. 솔직히 지금도 이건 고치지 못했다. 하지만 러닝을 하면서 조금은 달라졌다. 마라톤은 인내의 스포츠다. 오늘 뛴 만큼 내일 잘 달릴 수 있을 거란 보장이 없다. 하지만 오늘 뛰지 않으면, 내일은 확실히 힘들어진다는 것만은 안다. 이 단순한 진리를 받아들이는 데 꽤 오랜 시간이 걸렸지만, 받아들이고 나니 삶도 그렇게 바뀌었다. 이제는 조금 늦어도 괜찮다. 천천히 가더라도 꾸준히 가는 게 더 중요하다는 걸 알게 됐다.

러너란 결국, 자기 삶을 자기 속도로 살아가는 사람이다. 누군가는 더 빠르고, 누군가는 더 멀리 가지만, 나는 나만의 페이스를 믿고 간다. 이 믿음이 쌓이면 나도 모르게 '괜찮다'는 여유가 생긴다. 예전엔 남들과 비교하느라 바빴다면, 지금은 '나는 오늘 나름대로 괜찮았어'라고 말할 수 있게 됐다. 이게 바로 러닝이 내게 준 가장 큰 선물이다.

■ 그리고 나는 이제 안다

달리기에서처럼, 인생에서도 중요한 건 '완주'다. 중간에 멈추지 않고, 속도가 느려도 계속 가는 것. 힘들면 잠깐 걷더라도 방향만은 놓지 않는 것. 결국 그 꾸준함이 나를 목적지로 데려다준다는 걸 나는 달리기에서 배웠다.

러너가 된다는 건 단순히 신발 끈을 묶는 일이 아니라, 최선을 다해 오늘을 살아내겠다는 다짐이다. 앞으로도 그 다짐을 이어가며 달릴 것이다. 조금씩…… 그러나 끝까지.

★ 러너임바의 한 줄 참견

"러너는 삶을 뛰어넘는 사람이 아니라, 삶을 끝까지 달리는 사람이다."

기록보다 더 오래 남는 것

마라톤을 뛰는 이유는 사람마다 다르다. 누군가는 개인 기록 경신이 목적이고, 누군가는 첫 완주 그 자체가 도전이다. 나 역시 초반에는 기록을 목표로 달렸다. 몇 분을 줄일 수 있을까, 이번에는 서브3를 할 수 있을까. 숫자에 매달리는 만큼 훈련도 집요했고, 때로는 피로를 무시한 채 몸을 혹사시키기도 했다. 하지만 마라톤을 계속하면서 깨달은 게 있다.

■ 기록은 지나가지만, 기억은 남는다는 것

우리는 기록을 위해 훈련하지만, 결국 오래 남는 건 '그날의 감정'이다. 몇 분 몇 초가 아니라, 30km 지점에서 다리가 풀려도 포기하지 않았던 나, 응원하는 가족을 보고 다시 달리기 시작했던 순간, 동료 러너와 눈빛을 주고받으며 서로를 북돋았던 기억들이 오래 남는다. 그 순간들은 내 심장이 가장 뜨거웠던 기억이기도 하고, 러닝이 단순한 운동이 아니라 내 삶에 닿아 있는 감정이라는 걸 일깨워주는 장면들이기도 하다.

그리고 나는 그 기억들을 조금 더 생생하게 남기기 위해, 어느 순간부터 액션캠을 들고 마라톤을 뛰기 시작했다. 처음엔 이상하게 생각하는 사람들도 있었다. "이렇게 힘든 운동을 하면서 영상을 찍는다고?"라는 반응도 많았다. 하지만 나에게는 분명한 이유가 있었다. 지금의 내 달리기는 기록보다도 이 '경험' 자체가 더 중요했기 때문이다. 비록 무게가 조금 더 나가고, 폼이 망가진다 해도 괜찮다. 내가 달린 그 시간과 풍경, 그 감정들을 영상으로 남긴다는 건 내 삶을 기억하는 행위였으니까.

카메라가 손에 들려 있다는 사실 하나만으로도 달리는 자세가 조금 달라졌다. 예전처럼 시계만 바라보지 않게 되었고, 대신 고개를 들고 풍경을 더 자주 보게 되었다. 햇살이 비치는 순간, 관중이 내 이름을 불러주는 순간, 아이들이 손을 흔들어주는 모습, 봉사자들의 환한 미소……. 전에는 그냥 지나쳤을 이런 것들이 눈에 들어오기 시작했다. 기록이 아닌 감정을 채집하기 시작한 순간, 러닝은 훨씬 풍부한 경험이 되었다.

비 오던 어느 날은 출발선에서부터 끝까지 비를 맞으며 뛰었다. 신발은 젖고, 액션캠의 화면도 흐려졌지만, 그날의 영상은 내게 남다른 의미로 남았다. 누군가는 그 대회를 힘들었다고 말했지만, 나는 '비 오는 날 뛴 마라톤'이라는 잊을 수 없는 기억한 장을 얻었다.

그건 어떤 기록보다도 내게는 더 큰 성취였다.

물론 기록에 집중하는 시기도 중요하다. 목표가 있어야 성장도 있으니까. 하지만 그것만이 러닝의 전부는 아니다. 마라톤은 몸과 마음의 여정을 담는 기록물이고, 때로는 뚜렷한 숫자보다 흐릿한 감정이 더 짙게 남는다.

나중에 누군가가 내게 "그때 어떤 기분이었어?"라고 물었을 때, "기록은 생각 안 나는데, 진짜 재밌었어"라고 대답할 수 있다면, 그게 더 좋은 마라톤 아닐까.

■ 나 또한 그랬다.

한때는 기록에 연연하다가 부상을 당하기도 했다. 더 빠르게 달리려는 욕심에, 내 몸이 보내는 신호를 무시했다. 잠깐의 통증을 참고 훈련을 이어간 결과는 몇 주간의 러닝 금지와 더 길어진 회복이었다. 그때 결심했다. 다시는 숫자에 매몰되어, 내가 왜 달리는지를 잊지 말자고. 러닝은 내 몸과 함께 하는 일이지, 내 몸을 소비해서 얻는 성과가 아니니까.

러너들에게 꼭 해주고 싶은 말이 있다. 기록은 언젠가 반드시 멈춘다. 나이가 들어서, 컨디션이 안 좋아서, 혹은 생각지 못한 부상 때문에.

■ 기억은 멈추지 않는다

그 기억은 우리 안에서 계속 살아 있고, 그것이 러닝을 계속하게 만드는 원동력이 된다. 언젠가 기록이 더 이상 경신되지 않아도, 그때 찍어둔 영상 한 편, 사진 한 장, 다이어리에 적힌 메모 하나가 내 러너로서의 시간을 말해줄 것이다.

지금도 목표는 있다. 나도 기록을 세우고 싶다. 하지만 더 이상 그것만이 전부는 아니다. 내가 뛰는 길에 어떤 바람이 불었는지, 어느 지점에서 어떤 생각을 했는지, 어떤 러너와 어떤 말을 주고받았는지가 더 소중하다. 마라톤은 그렇게 나에게 '기억'을 남긴다. 그리고 그 기억은 내가 계속해서 달리는 이유가 되어준다.

★ 러너임바의 한 줄 참견

"기록은 지워져도, 함께 한 순간은 영상처럼 되감긴다."

다음 목표를 향해, 오늘도 나는 뛴다

러닝을 시작한 건 그저 '운동이나 좀 해볼까' 하는 마음이었다. 마라톤은커녕 조깅 3km도 힘들어하던 내가 지금은 42.195km 를 달리고, 또 다음 대회를 준비하고 있다는 사실이 종종 놀랍다. 이런 말을 하고 있는 나조차도 가끔은 믿기지 않는다. 내가 정말 그렇게 달리고 있나?

그런데 그게 러닝이다. 처음엔 어렵고, 중간엔 괴롭고, 나중엔 믿을 수 없을 만큼 익숙해지는. 러닝은 '나는 원래 이런 사람' 이라는 한계를 조금씩 깨뜨리는 운동이다. 나는 느린 편이야, 나는 체력이 없어, 나는 꾸준한 사람이 아냐. 러닝은 그 모든 생각을 조금씩 부숴주었다. 그냥 신발 끈을 묶고 오늘도 한 발만 더 내디디면 되는 거라고 말해줬다.

이 책을 쓰는 동안 수많은 훈련과 대회를 떠올렸다. 아침의 새벽 공기, 주말의 긴 러닝, 훈련 중 찾아오는 위기, 그리고 그 순간을 이겨내고 결승선을 통과하던 감동의 순간까지. 러닝을 기록으로만 남기기엔 그 안에 담긴 감정과 이야기들이 너무 많았다. 그래서 이 이야기를 남기고 싶었다. 내게 달리기는 단지 운동이 아니었다. 살아가는 방식이었다.

달리기를 하면서 나는 많은 것을 배웠다. 인내심, 꾸준함, 자신을 믿는 법, 때로는 멈출 줄 아는 용기까지. 그리고 무엇보다도 가장 중요한 것 하나. 지금 이 순간을 살아가는 법. 우리는 너무 자주 미래를 걱정하고, 과거를 후회하며 오늘을 흘려보낸다. 하지만 러닝은 늘 말해준다. 오늘 뛰는 이 한 걸음이 바로 내 삶이라고.

기록은 중요하다. 목표가 있어야 훈련도 가능하고, 도전도 의미가 생긴다. 하지만 나는 이제 그것보다 더 큰 가치를 안다. 함께 뛴 시간, 고통을 이겨낸 기억, 마음을 다잡으며 달렸던 수많은 새벽, 그런 것들이 나를 더 단단하게 만든다.

그리고 나는 여진히 달리고 있다 때로는 천천히, 때로는 힘들게, 때로는 웃으며. 하지만 중요한 건 계속 달리고 있다는 것. 다음 목표는 아직 정해지지 않았다. 하지만 괜찮다. 나는 오늘도 러닝화를 신었고, 또 하나의 여정을 시작했으니까.

혹시 이 책을 덮으며 당신도 뛰고 싶다는 생각이 들었다면,

지금 그 마음을 기억해줬으면 좋겠다. 빠를 필요 없다. 멀리 갈 필요도 없다. 그저 자신을 믿고 한 걸음 내딛는 것, 그게 러너의 시작이다.

★ 러너임바의 한 줄 참견

"기록은 끝나도 여정은 계속된다. 오늘도, 나는 뛴다."

당신도 러너다

초판 1쇄 발행 | 2026년 2월 27일

지은이 | 러너임바(유문진)

발행인 | 김태진, 승영란

편집주간 | 김태정

마케팅 | 함송이

경영지원 | 이보혜

디자인 | 여상우

출력 | 블루엔

인쇄 | 다라니인쇄

제본 | 경문제책사

펴낸 곳 | 에디터

주소 | 서울특별시 마포구 만리재로 80 예담빌딩 6층

전화 | 02-753-2700, 2778 팩스 | 02-753-2779

출판등록 | 1991년 6월 18일 제1991-000074호

값 19,000원

ISBN 978-89-6744-304-7 03690